種をまくだけ！お部屋の窓辺でもできる

袋栽培でかんたん野菜づくり

梁川正 著
協力 タキイ種苗株式会社

はじめに

袋栽培はかんたんで楽しい！

袋栽培は、畑や花壇などでの地植え栽培とは異なり、鉢やプランターなどに代表される容器を用いて植物を栽培する方法の一つです。**容器として丈夫な袋を用い、それによい土を入れ、肥料を加えて、その袋で野菜などを栽培します。**本書では、はじめて袋栽培を行うための準備、野菜の種のまき方、苗のつくり方、袋への植えつけ方、袋に植えつけてからの野菜の栽培、管理の方法、2作目の準備など、袋での栽培を行うためのコツをはじめ、40種の野菜のつくり方について紹介します。

どこでもできる！

袋栽培は庭や畑がなくても、お部屋の窓辺、玄関先や駐車場の片隅、マンションのベランダなど、ちょっとした空間を利用して、楽しめます。庭や畑で採れるものと同様のものを袋栽培でつくることができます。

すぐに始められる！

袋の準備ができれば、すぐに袋栽培を始められます。大型の鉢やプランターは重くて高価ですが、袋栽培では使用済みの肥料袋や培養土の袋などが使えるので便利です。

移動・片づけが楽チン！

栽培を終えたら、袋を片づけるだけ。また、持ち運びもかんたん。移動も袋を動かせばいいだけなので、楽チンです。

家族で楽しめる！

身近な場所に置けば、管理しやすく、野菜の生長、開花の観察や収穫作業を家族みんなで楽しめます。また、いも掘りも手軽にできます。

心に豊かさをもたらしてくれる！

身近に植物があると、子どもも大人も気持ちが落ち着きます。毎日観察していると、植物のさまざまな現象の不思議さに気づきます。そして、身近に植物があることの素晴らしさを実感できるはずです。

Contents

はじめに……2

PART 1 袋栽培の基礎知識

置く場所を決めよう……8
オシャレに袋栽培を楽しもう……12
野菜にはどんな種類がある？……14
育てる野菜を決めよう……15
土を準備しよう……16
野菜がよく育つ肥料を準備しよう……19
道具をそろえよう……22
袋を準備しよう……25
袋の置き方を考えよう……26
栽培方法を確認しよう……30
種を選ぼう……32
苗を選ぼう……33
種まきをしよう……36

ポットに種をまいて苗を育てよう……38
ジッパー付き食品保存袋で苗を育てよう……41
袋を使った「養液栽培」を楽しもう……42
苗を植えつけよう……44
水やりをしよう……48
追肥をしよう……50
病害虫の対策をしよう……52
支柱を立てよう……53
緑のカーテンをつくろう……54
袋栽培で気をつけておきたいこと……56
2作目の準備をしよう……58
家族みんなで楽しもう……60

PART 2 袋栽培で野菜づくり

春～夏頃に栽培を始める野菜

ミニトマト 62
ナス 64
ピーマン 66
キュウリ 68
ニガウリ 70
スイカ 72
カボチャ 74
トウガン 76
ヘチマ 78
エダマメ 80
ラッカセイ 82
スイートコーン 84
オクラ 86
バジル 88
パセリ 90
モロヘイヤ 92
シソ 94
ツルムラサキ 96
ジャガイモ 98
サツマイモ 100
ヤマイモ 102
サトイモ 104
ショウガ 106

夏～秋頃に栽培を始める野菜

イチゴ 108
キャベツ 110
ブロッコリー 112
カリフラワー 114
ハクサイ 116
ミブナ 118
チンゲンサイ 120
ネギ 122
タマネギ 124
コマツナ 126
シュンギク 128
ホウレンソウ 130
リーフレタス 132
ダイコン 134
ニンジン 136
コカブ 138
ハツカダイコン 140

おわりに 142

PART 1

袋栽培の基礎知識

LET'S enjoy!

置く場所を決めよう

袋栽培の袋は、観察や管理がしやすい身近なところに置くことが大切です。ここでは、袋栽培の置き場所を考慮する上で大切なポイントを紹介します。

ベランダや窓辺に置く

ポイント

日当たりがよい

ベランダや窓辺が南向き、東向き、西向きかなど日当たりを確認して、置く場所を考えます。**1日中日陰になる場所はなるべく避けた方がよいです。**また、袋の底から排水とともに土が少し出てくることがあるので、鉢受け皿やトレイのような水受けを使いましょう。

庭や周囲の空きスペースに置く

ポイント

- ☑ **午前中によく日が当たる**
- ☑ **建物や植木の陰になっていない**
- ☑ **風通しがよい**

日当たりを確かめ、建物の南側で南向きのよく日が当たる場所、または建物の東側で東向きの、午前中に日がよく当たる場所を選びましょう。**植物の光合成は午前から始まり、正午頃に光合成量がピークになるので、午前中によく日の当たる方がよりよい場所となります。**風通しのよい場所という点も考慮しましょう。

玄関先や駐車場に置く

ポイント

- ☑ **直射日光がよく当たる**
- ☑ **建物や車、庭木の陰になっていない**

軒下がある場合、軒下で種まきや育苗ができるので便利です。しかし、苗が生長してからは、できるだけ長く直射日光に当たる戸外に出す方が野菜の生育がよくなります。

庭の空きスペースや玄関先、駐車場の片隅などで袋栽培をする場合、**建物や周囲に植えられている庭木などが、日当たりにどのくらい影響しているかを確かめてから置くことが大切**です。

屋上に置く

ポイント

- ☑ **日当たりがよすぎない**
- ☑ **風が強く当たりすぎない**
- ☑ **袋の中の地温が高くなりすぎない**

屋上はとても日当たりがよい場所と考えられますが、袋の中の地温が高くなることも考慮しましょう。**観察や管理のしやすさの点、風の強さへの配慮も大切です。**夏の暑い時期に屋上やアスファルトの上に袋を置く場合、直接置かずにスノコなどを下に敷き、袋の下への通風を図る対策をして、袋の中の地温を上昇させないようにします。

LET'S enjoy!

オシャレに袋栽培を楽しもう

袋栽培をインテリアとして楽しみたいという方は、ぜひ麻袋やカゴを使ってみてください。置く場所と入れ物を決めたら、下に水受けトレイを敷くのも忘れないように。ここではオシャレな袋栽培のアイディアを紹介します。

窓辺でミニ野菜畑

コマツナ、シュンギク、コカブ、ホウレンソウ、リーフレタス、パセリ、ハツカダイコンなどの野菜であれば、小さな袋で栽培できます。小さなポリエチレン袋に培養土を入れ、穴をあけてから麻袋をかぶせて並べれば、自分だけのミニ野菜畑がつくれます。ぜひ好きな野菜を並べて、お気に入りの野菜畑をつくってみてください。

コンパニオンプランツを混植して育てる

コンパニオンプランツとは、花と野菜、ハーブと野菜、野菜同士の組み合わせで、防虫効果などが期待できる栽培方法。マリーゴールドとキュウリ、パセリとナス、シュンギクとコマツナなど、ともに植えたり、袋を近づけた栽培もおすすめです。

寄せ植え菜園

一つの袋に野菜の寄せ植えをするのも楽しいです。この場合は袋を横向きにするのがおすすめ。**袋を横向きに置いて、カゴや麻バッグなどに入れてみると、かわいい寄せ植え菜園ができて楽しいです。**

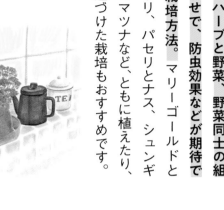

LET'S enjoy!

野菜にはどんな種類がある？

日本で私たちが利用している野菜は、約150種類あるとされています。これらの野菜は種類によって、葉、実、根などさまざまな器官が利用されています。

野菜は利用する器官によって、葉を利用する葉菜類、実や種子などを利用する果菜類、地下部の根や地下茎を利用する根菜類などに分類されます。花は葉が変形したものなので、ブロッコリーなどは葉菜に、また、葉が養分を蓄えて肥厚したタマネギやラッキョウなども葉菜に入ります。一方、根菜にはダイコンやサツマイモのように根が肥大したものの他、茎が肥大したジャガイモやサトイモなども含まれます。

ここでは、本書で紹介する40種の野菜を果菜、葉菜、根菜の3つに区別して示します。

葉菜

コマツナ、シュンギク、ホウレンソウ、リーフレタス、パセリ、ブロッコリー、カリフラワー、キャベツ、ハクサイ、ミブナ、チンゲンサイ、ネギ、タマネギ、バジル、モロヘイヤ、シソ、ツルムラサキ

果菜

ミニトマト、ナス、ピーマン、キュウリ、ニガウリ、スイカ、カボチャ、トウガン、ヘチマ、エダマメ、ラッカセイ、スイートコーン、オクラ、イチゴ

根菜

ダイコン、ニンジン、コカブ、ハツカダイコン、ジャガイモ、サツマイモ、ヤマイモ、サトイモ、ショウガ

LET'S enjoy!

育てる野菜を決めよう

いつから開始するかを考慮して、栽培する野菜の種類を決めましょう。

春〜夏頃に栽培を始める野菜

● 種からスタートする野菜

ミニトマト、ナス、ピーマン、キュウリ、
ニガウリ、スイカ、カボチャ、トウガン、ヘチマ、
エダマメ、ラッカセイ、スイートコーン、オクラ、
バジル、パセリ、モロヘイヤ、シソ、ツルムラサキ

● 種いもや苗からスタートする野菜

ジャガイモ、サツマイモ、ヤマイモ、
サトイモ、ショウガ

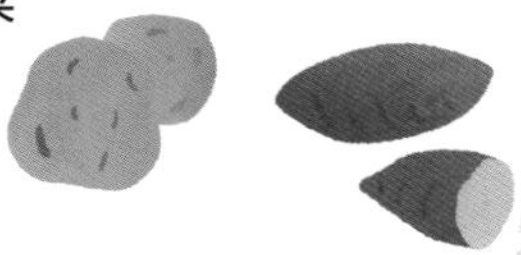

夏〜秋頃に栽培を始める野菜

● 種からスタートする野菜

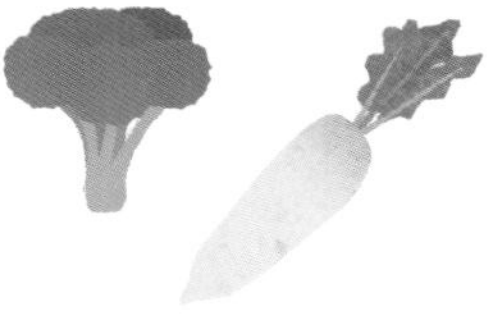

ブロッコリー、カリフラワー、キャベツ、
ハクサイ、ミブナ、チンゲンサイ、
ダイコン、ニンジン、コマツナ、
シュンギク、コカブ、ホウレンソウ、
リーフレタス、ハツカダイコン

● 苗からスタートする野菜

イチゴ、ネギ、タマネギ

夏〜秋頃のほかに、春頃からも栽培を始められる野菜

● 種からスタートする野菜

ダイコン、ニンジン、コマツナ、
シュンギク、コカブ、ホウレンソウ、
リーフレタス、ハツカダイコン

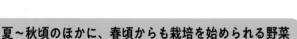

LET'S enjoy!

土を準備しよう

植物が順調に生長するためには、光、水、空気、温度、養分の5つの条件が必要です。1つでも不十分であれば生長しません。袋栽培では根を伸ばす空間が袋の中に限られているので、使う培養土がとても大切です。

野菜がすくすく育つ培養土の5つの条件

ポイント

- ☑ 物理的に通気性・保水性・排水性がよい
- ☑ 化学的に土壌pHが中性から弱酸性である
- ☑ 養分の吸着能力が高い
- ☑ 重さがなるべく軽量である
- ☑ 雑草の種子や病害虫を含まない

植物の生育のしくみと環境要因

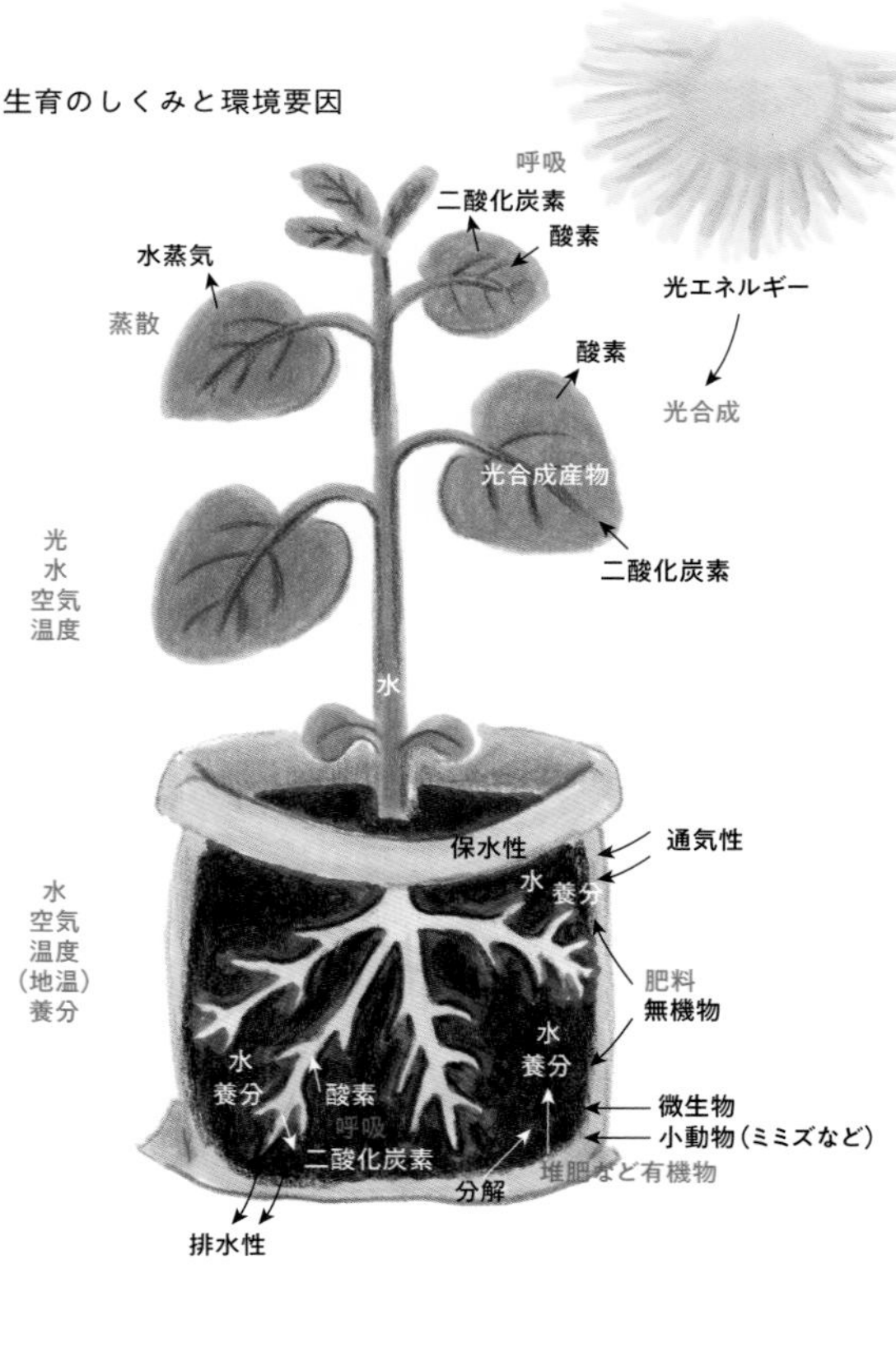

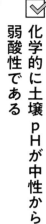

市販の培養土を使う

ホームセンターや園芸店、園芸会社などのネット通販で購入できる「培養土」や「野菜の土」、「園芸の土」などと書かれた土は、野菜が育つための条件を満たしているものが多くあります。市販のこれらの培養土には野菜が根を伸ばすのに適切な養分が入っていることが多いので、**はじめて袋栽培をされる方は、信頼できるメーカーの培養土を使用することをおすすめします。**ただし、どのような有機物や土壌改良材などが配合されているか、土のｐＨが調整されているか、肥料が混入されているかなど、標記をよく確認することが大切です。

栽培しようとする野菜がキュウリなどのように茎を長く伸ばして背が高くなる果菜や、サツマイモ、ジャガイモ、ダイコン、ハクサイ、ブロッコリーなどでは、少なくとも25リットル入りの培養土、または30リットル入りのものを使いましょう。可能であれば35～40リットル入りの大容量袋の培養土がおすすめです。一方、茎を伸ばさない葉菜などを栽培する場合には、10～20リットルの袋でも十分に栽培できます。

市販の培養土をそのまま使える野菜

―酸性土壌に強い野菜―

ジャガイモ、サツマイモ、コマツナ、シュンギク、ダイコン、ナス、ラッカセイ

市販の培養土に苦土石灰を混ぜて pH調整をした方がよい野菜

―酸性土壌に弱い野菜―

ホウレンソウ、ニンジン、ミニトマト、キュウリ、スイートコーン、エダマメ、イチゴ、リーフレタス

育てる野菜に合わせて、苦土石灰を混ぜる

市販の培養土に肥料が入っていて、土壌ｐＨの調整済という記載のない場合、酸性土壌に強い野菜は問題なく栽培できます。しかし、酸性土壌に弱い野菜を育てようとする場合には、苦土石灰を混ぜて土壌ｐＨの調整を行った方が失敗しません。

市販の培養土への苦土石灰の混ぜ方

苦土石灰はマグネシウムを含む石灰質肥料で、ここに含まれるカルシウムが酸性土壌の中和に役立ちます。袋の上部を開けて袋の中の培養土に苦土石灰を入れ、移植ごてなどでできるだけよく混ぜて、土壌ｐＨを調整します。苦土石灰を入れる量は、10リットルの培養土に対して30g程度が適しています。

LET'S enjoy!

野菜がよく育つ肥料を準備しよう

肥料入りで土壌ＰＨが調整済の培養土を使う場合は、必ずどのような肥料が入っているのか確認します。肥料入りでない土の場合には、自分で肥料を加えて培養土を準備します。

肥料の3要素と主なはたらき

窒素

葉肥《はごえ》とも呼ばれ、茎や葉など植物の体を大きく育てるはたらきがあります。生育の前半に特に必要です。

リン酸

実肥《みごえ》とも呼ばれ、花や実を育てるのに特に必要です。生育の後半にも十分与えます。

カリ

根肥《ねごえ》とも呼ばれ、植物の根、茎などの組織を丈夫にして、病害虫や寒さに対する抵抗力、果実の糖分を増加させます。生育初期から後期までの全般にわたって必要です。

植物が育つためには窒素、リン酸、カリという3つの要素と、カルシウム、マグネシウム、イオウの多量要素、さらに、鉄、マンガン、銅、亜鉛、塩素、ホウ素、モリブデンの微量要素が必要です。

元肥を用意する

肥料が入っていない場合や、肥料入りでもその肥料の量や効き方がはっきりしない培養土には、元肥を加えることをおすすめします。

元肥

窒素、リン酸、カリの3つの要素がバランスよく配合された肥料を使うのがおすすめ。

タキイ種苗
「園芸職人　野菜の充実肥料」

元肥とは、栽培する前にあらかじめ用土に入れておく肥料のことです。基肥とも書かれます。

培養土に元肥として入れる肥料には、3要素が含まれて、長い間効く緩効性の化成肥料を選びましょう。

おすすめはタキイ種苗株式会社の「園芸職人　野菜の充実肥料」。これは化成肥料の一つで、肥料の粒子に樹脂コーティングがされているので、徐々に肥料が溶けて効く緩効性の肥料となっています。窒素10％、リン酸13％、カリ12％とカルシウム4％、微量要素入りのまさに充実した肥料です。元肥として使用する肥料には、このほかにも化成肥料、または有機質と無機質の肥料などを混合した配合肥料が多種類販売されています。「元肥・追肥としても使える」と書かれているものも多くあります。**元肥として使う場合には、必ず緩効性の肥料であることと、畑用ではなく鉢栽培に適した肥料であることを確認して選んでください。**

化成肥料「マグアンプK」（中粒）を元肥として使うこともおすすめです。この肥料は窒素6％、リン酸40％、カリ6％、マグネシウム15％を含み、長い期間

タキイ種苗
「そのまんま野菜畑（20L）」

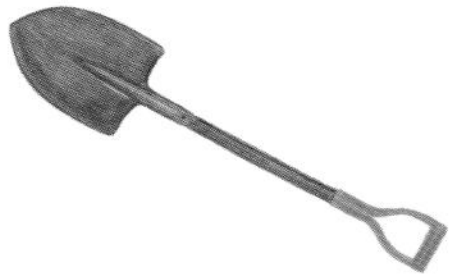

において肥効が持続する緩効性肥料です。

ここでおすすめの元肥は、肥料が含まれている培養土に加えられても、緩効性の肥料なので、野菜の生育には問題ありません。

化成肥料を元肥として追加する時は、苦土石灰を混ぜる場合と同様に袋の上を開けて肥料を入れ、よく混ぜます。または、培養土をすべて袋から出して、ビニールシートの上に広げ、肥料を追加して、移植ごてやショベルでよく混ぜて袋に戻します。この時、培養土に加える元肥の量は、10リットルの培養土に対して50g程度が標準の量となります。

また、袋栽培用として、すぐにそのまま使える商品もあります。それはタキイ種苗株式会社の「そのまんま野菜畑」という培養土です。生育に必要な肥料が入っていて、土壌pHの調整もされ、水抜き穴をあける必要もありません。袋の中の培養土に水を与えて湿らせたら、野菜の栽培がすぐに始められます。1作目は、ただ水さえ与えておけば立派に野菜が育つので、とても便利な商品です。

LET'S enjoy!

道具をそろえよう

袋の準備と袋に培養土を詰める道具

ドライバー
（直径8mm程度）
袋に穴をあける時に使う。

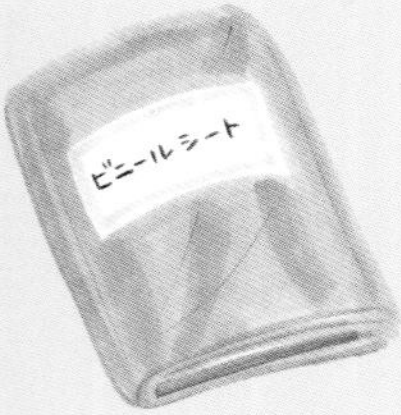

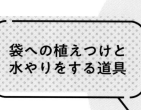

ビニールシート
土づくりに。培養土を袋から出して、混ぜる時に使用する。

ショベル
土を混ぜたり、袋に培養土を入れたりする時に使用する。

移植ごて
少量の苦土石灰などを培養土に入れて、混ぜる時に使う。

袋への植えつけと水やりをする道具

移植ごて
苗や種いもなどの植えつけや、追肥・土寄せの時に使う。

バケツ
水ひしゃくで水やりをする時に、水を入れるために使用する。

水ひしゃく
水やりをする時に使用する。

ジョウロ
土の表面を乱さず、苗を保護するように静かに水やりを行うために使用する。

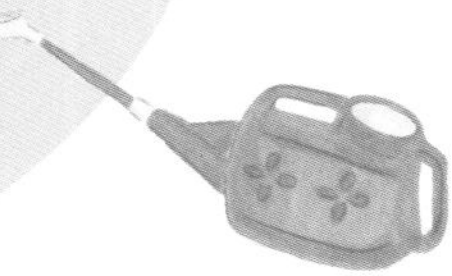

種まきで苗を育てる時に使う道具

ポリポット（直径9cm）
培養土を入れて種まきして苗を育てる。

育苗箱
種まき後のポリポットを入れて、水や温度の育苗の管理を行う。

新聞紙または
キッチンペーパー（パルプ製）
種まきして土をかぶせた後、土の上に丸く切って広げて敷き、まいた種の乾燥を防ぐ。さらに覆いの紙を湿らせるようにしてジョウロでの水やりを行うために使用する。

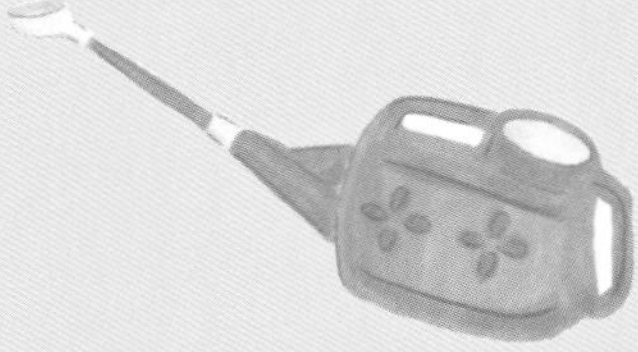

ジョウロ
種まき後に新聞紙などの覆いの紙に水やりを行う時や、ポリポットで生長した苗への水やりの時に使用する。

水差し
種まき直後とその後の育苗管理の際の慎重な水やりに使用する。

保温のためのビニールなどの
プラスチックフィルム
関東や関西では降雪の恐れがある4月に、果菜類の種まきをポリポットで行う際に使う。育苗箱に入れて種まきしたポットを育苗箱ごと、トンネル状にしたビニールをかぶせて保温する。

生長した株の管理、収穫に使う道具

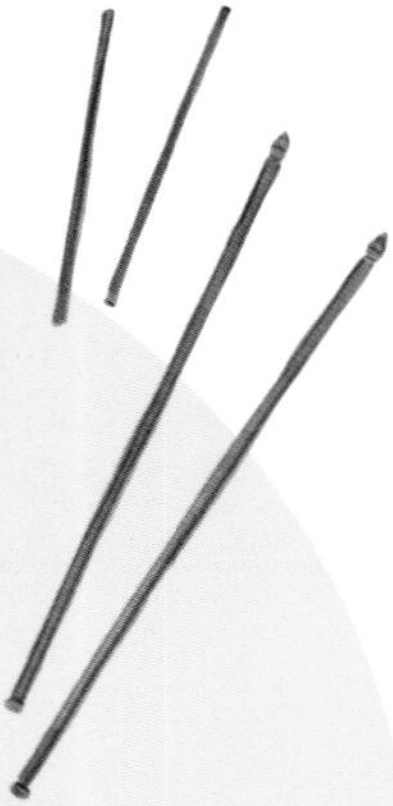

支柱

果菜などの枝を誘引して枝を伸ばすために使用する。

園芸ロープや麻またはプラスチック製（ポリエチエレン、ポリエステル）ひも

支柱を結束して固定したり、枝を誘引したりするために使用する。

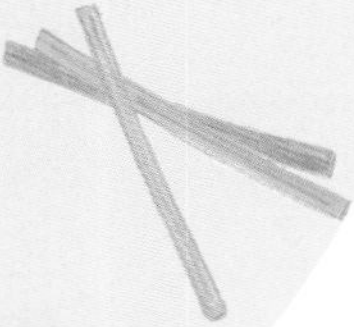

ビニールタイ

枝やつるを支柱に8の字形に巻きつけて誘引する時に使う。

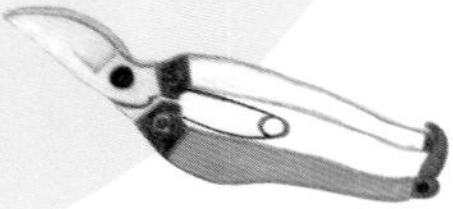

剪定ばさみ

枝の更新や摘心などを行う時に使うほか、収穫する際にも使用する。

あると便利な道具

霧吹き

種まきした用土への水分補給や栽培中の病害虫対策に使う。

白色寒冷紗

強い直射日光と鳥よけのために使う。

石み

袋に培養土を入れる時に使用する。

LET'S enjoy!

袋を準備しよう

培養土の準備ができたら、次はどの袋で栽培するかを考えます。新しい袋に培養土を入れる場合には、ビニールシートの上に培養土を広げ、適切な肥料を混ぜてから、培養土をその袋に戻して袋の準備をします。

土のう袋

麻製のコーヒー豆袋

袋栽培に使用できる袋は、ポリエチレン製の培養土の袋、肥料袋、土のう袋、麻製のコーヒー豆袋などがあります。**培養土の袋や肥料袋などは、手間がかからず便利ですが、空気をまったく通しません。そのため、袋の底に穴をあけ、通気性のよい上質な培養土を選ぶことが大切です。**

土のう袋と麻製のコーヒー豆袋は、編み目から水が抜け、通気もよいので、穴をあけずにそのまま使えます。さらに、土のう袋や麻製のコーヒー豆袋を使う場合には、上質な培養土を使わなくても野菜が育ちます。

LET'S enjoy!

袋の置き方を考えよう

野菜を栽培する場合には、基本的には袋を縦向きに置きます。ただし、それ以外の方法でも野菜を育てることができ、それぞれに利点もあるので、ここでは3つの袋の置き方を紹介します。

基本は縦向きに置く

適した野菜：果菜やダイコン、キャベツ、ブロッコリーなどの大きくなる野菜

袋を縦向きに置くのが基本です。水抜き穴をあける場合、袋を縦向きに置き、袋の底にあたる側の部分にドライバーなどで直径1㎝程度の水抜き穴を10カ所程度、袋の側面の底に近いところにも全周にわたって10カ所程度あけます。水抜き穴をあけた袋を縦向きに置いて安定させ、袋の上部分をはさみで切りあけて、袋の縁の全周を外に折り返します。そして、袋内の培養土に水を与えて湿らせたら、栽培準備が完了です。

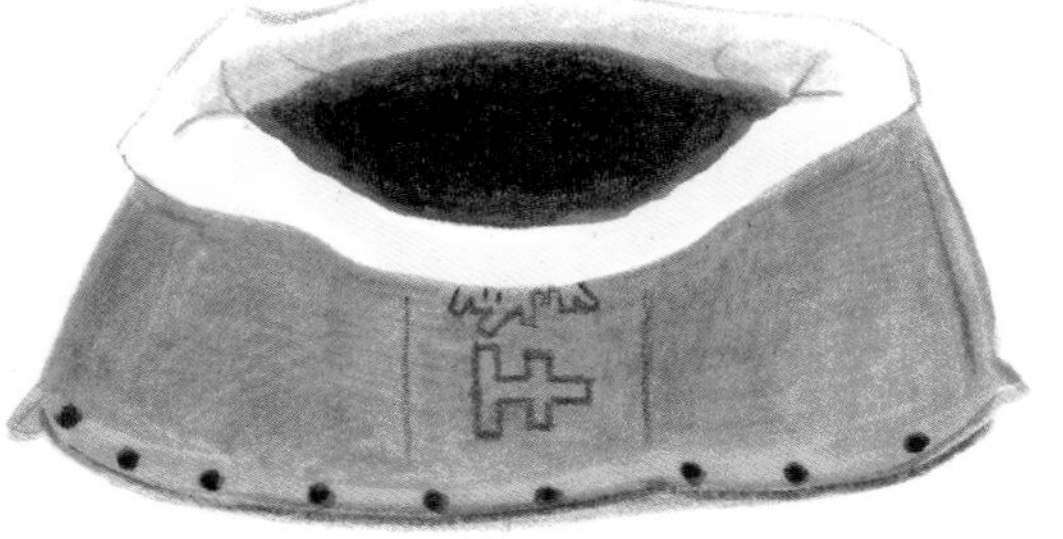

袋を横向きに置く

適した野菜：ミブナやチンゲンサイなどの葉を伸ばす葉菜、バジル、パセリ、シソなどのハーブ類、エダマメ、イチゴなどのあまり大きくならない果菜、ニンジンなどの大きくならない根菜

袋を横向きにして栽培することもできます。この場合には、底にあたる側に水抜き穴をあけ、側面にあたる部分の底に近いところにも全周にわたって水抜き穴をあけることが大切です。穴の数は底にする面積が袋を縦向きにする場合の約1・5倍になりますので、底に15カ所程度、袋の側面にあたる底に近いところにも15カ所程度の穴をあけます。

また、可能なら袋の底にネットか寒冷紗を入れ、その上に落ち葉や枯れ葉を入れて「空気の層」をつくると、根の生育が良好になります。（P29参照）

袋を仰向きに置く

適した野菜：茎が伸びないハツカダイコンなどの根菜やコマツナなどの葉菜

袋を仰向きにして栽培することもできます。袋を仰向きにした場合も、底にあたる面と側面にあたる部分の底に近いところの全周に水抜き穴をあけることが必要です。穴の数は底にする面積が横向きに立てる場合の約2倍になるので、底に30カ所程度、袋の側面にあたる底に近いところにも全周にわたって30カ所程度の穴をあけます。

水抜き穴をあけた袋の底にあたる面を下にして仰向きに置いて安定させ、袋の上になる部分の四隅からはさみで対角線に切れ目を入れます。切れた部分を外側に巻いて端でとめるようにするか、切れ目を入れて切った端の部分を外側に折り返すようにして、長方形になる栽培面を大きくあけます。

「空気の層」をつくって、根の生育を良好にする

できれば、縦向きや横向きにして袋栽培を行う場合、袋の底に空気の層をつくって、根の生育を良好にしましょう。**これは、袋の中の通気や排水を良好にして土の流出を防ぐのが目的です。**この工夫はポリエチレン製の培養土の袋などを使う場合だけでなく、通気のよい土のう袋や麻のコーヒー豆袋を使う場合でも、野菜の根の生育をよくします。

袋栽培を始める時期によっては、落ち葉や枯れた葉が手に入らないかもしれません。その場合は、ネットや寒冷紗だけでも入れることをおすすめします。

「空気の層」のつくり方

1 培養土を一度ビニールシートなどの上に出します。

2 水抜き穴をあけた袋の底の部分にネットまたは寒冷紗を入れます。

3 2の上に広葉樹の落ち葉、枯れた葉を5㎝くらい入れ、その上に培養土を戻します。

LET'S enjoy!

栽培方法を確認しよう

育てる野菜を選び、袋の準備ができたら、いよいよ栽培を始めます。袋栽培は、主に次の３つの方法から始めるのが基本です。

①袋に直接、種まきをする

②ポリポットに種をまいて苗を育ててから、袋に植えつける

③園芸店やホームセンターで苗や種いもを購入して、袋に植えつける

どの野菜を育てるか、いつ頃からどのようにして開始するのかを考慮して、選びましょう。はじめて野菜づくりをする方や種まき時期が過ぎている場合には、園芸店やホームセンターで苗や種いもを購入して育てた方が失敗も少なく、手軽にできるのでおすすめです。野菜の種類と開始時期、方法は次のようになります。

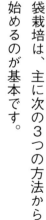

袋に直接種まきをして育てる野菜

● 夏～秋に栽培開始、または、春に栽培開始

ダイコン、ニンジン、コマツナ、シュンギク、コカブ、ホウレンソウ、リーフレタス、ハツカダイコン

ポリポットに種をまいて苗を育ててから、袋に植えつける野菜

● 春～夏に栽培開始する種類

ミニトマト、ナス、ピーマン、キュウリ、ニガウリ、スイカ、カボチャ、トウガン、ヘチマ、エダマメ、ラッカセイ、スイートコーン、オクラ、バジル、パセリ、モロヘイヤ、シソ、ツルムラサキ

● 夏～秋に栽培開始する種類

キャベツ、ブロッコリー、カリフラワー、ハクサイ、ミブナ、チンゲンサイ

園芸店やホームセンターで、苗を購入して袋に植えつける野菜

● 春～夏に栽培開始する種類

ミニトマト、ナス、ピーマン、キュウリ、ニガウリ、スイカ、カボチャ、トウガン、ヘチマ、エダマメ、ラッカセイ、スイートコーン、オクラ、バジル、パセリ、モロヘイヤ、シソ、ツルムラサキ

● 夏～秋に栽培開始する種類

キャベツ、ブロッコリー、カリフラワー、ハクサイ、ミブナ、チンゲンサイ、ネギ、タマネギ

園芸店やホームセンターで、種いも、イチゴやサツマイモのような苗を購入して袋に植えつける野菜

ジャガイモ（春作：春に栽培開始）、（秋作：夏に栽培開始）、サツマイモ、ヤマイモ、サトイモ、ショウガ（春～夏に栽培開始）、イチゴ（秋に栽培開始）

LET'S enjoy!

種を選ぼう

種を購入する時は、種袋の表示をきちんと確認することが大切です。種袋には、野菜の特徴や栽培に適した時期など、さまざまな情報が盛り込まれています。同じ野菜でも、品種が異なるだけで、栽培のポイントも異なるので気をつけます。

種選びのポイント

1. 病害虫に対する抵抗性

病害虫に強い品種を選びましょう。種袋には品種によって「うどんこ病に強い」「抵抗性・耐病性をもつ」などと書かれているので、確認します。

2. 種まき・収穫の時期を確認

春まきに適する品種と秋まきに適する品種があります。袋には、地域ごとの種まき時期、定植時期、収穫時期の明記があるので、自分の住んでいる地域に合わせて品種を選びます。

3. 早生か中生か晩生か

種まきから収穫までが、早い早生の品種から遅い晩生の品種、その中間の中生の品種があります。できれば、早生の品種を選びます。

4. 野菜の形や性質

品種によって、葉、根、実などの形、大きさ、色、性質などが異なるため、つくりたい野菜の形や大きさ、色を選びます。

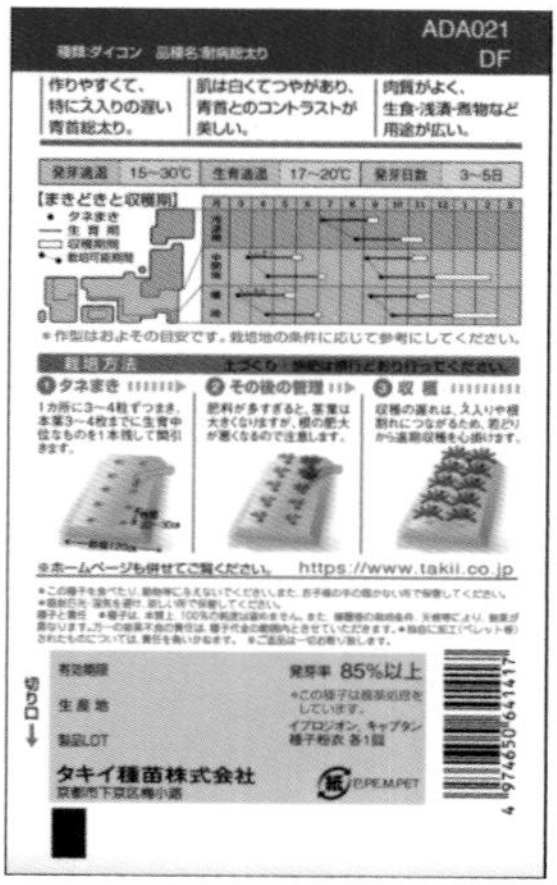

種袋の表示。品種や特徴を知って種を選ぶことが大切。

LET'S enjoy!

苗を選ぼう

苗を園芸店やホームセンターなどで購入する際に気をつけたいポイントは3つ。1、始める時期を考える。2、病害虫に強い苗を選ぶ。3、がっちりとした苗か確認する。ここでは、それぞれのポイントを詳しく紹介します。

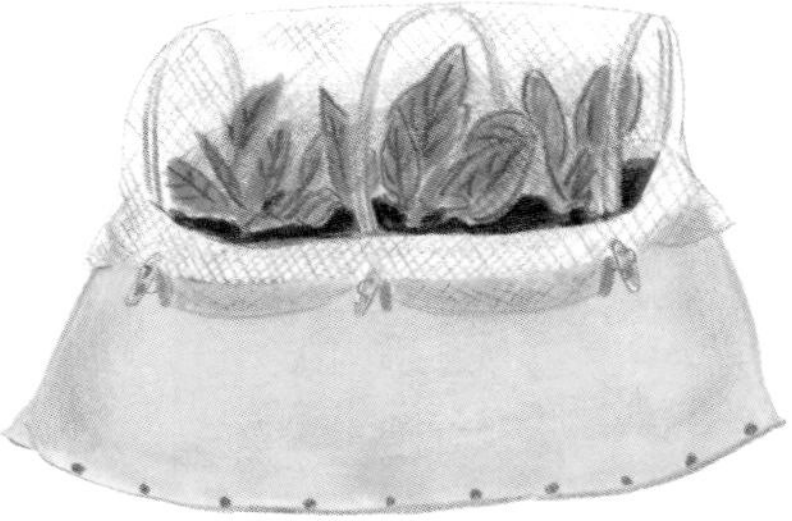

始める時期を考える

春からの栽培では寒さ対策をする

3月下旬頃から、キュウリなどの野菜の苗が販売され始めます。自分が住んでいる地域の寒さを考慮して、購入時期、植えつけ時期の予定を立てることが大切です。関東や関西では、3月下旬から4月下旬頃までは、遅霜の恐れがあるので、栽培したい苗を早めに確保して軒下などに置いておくか、購入した苗を袋に植えつけて霜よけ対策をするなど工夫します。5月上旬になると霜の恐れはなくなるので、袋に植えつけ、日当たりのよい戸外に出します。5月に入ってからでも、苗を購入して栽培を始めることができます。

秋からの栽培では害虫対策を

秋から栽培を始めるキャベツ、ブロッコリー、カリフラワー、ハクサイは、7~8月に種まきされ、8月下旬から園芸店やホームセンターで苗が販売されます。いずれの種類も、害虫の活動が盛んな真夏の暑い季節を避けて、9月中旬~下旬に植えつける方が、早く植えつけるよりは害虫の被害を少なくして栽培できます。

特に九条ネギの場合、干しネギ苗が8月中旬以降に園芸店やホームセンターで販売されますが、まだ暑い時期に植えつけると害虫の食害を受けるので、9月中旬以降に植えつけましょう。

種いもなどの苗は時期に合わせる

ジャガイモは北海道産の種いもが1月頃に販売され始めます。この種いもを2月下旬~3月下旬に植えつけて栽培します。サトイモは種いも、ショウガは種ショウガを4月下旬~5月下旬までに植えつけます。

サツマイモは5月に販売される苗を5月中旬~7月上旬まで植えつけできます。イチゴは苗を10月に植えつけます。

病害虫に強い苗を選ぶ

病害虫に強い品種とそうでないものがあるため、病虫害に強い品種を選びます。葉、根、実などの形、大きさ、色、性質などが品種により異なっているので、よく確認します。また、病害虫に強い接ぎ木苗も販売されていれば、接ぎ木苗を選ぶのもおすすめです。

ブロッコリーは側枝《そくし》花蕾《からい》のつく品種を選ぶと、長く収穫を楽しめます。ハクサイは早生ではなく、中生の品種を選ぶ方が害虫の被害が軽減されます。

がっちりした苗か確認する

売り場に並んでいる苗のうち、ひょろ長く徒長した苗は避けて、葉の色が濃く、茎が太くがっちりとした苗を選ぶことが大切です。

LET'S enjoy!

種まきをしよう

袋に直接種まきをして始められる野菜は、ダイコン、ニンジン、コマツナ、シュンギク、コカブ、ホウレンソウ、リーフレタス、ハツカダイコンがあります。ここでは、袋に直接種まきをする場合の3つの方法を紹介します。

すじまき

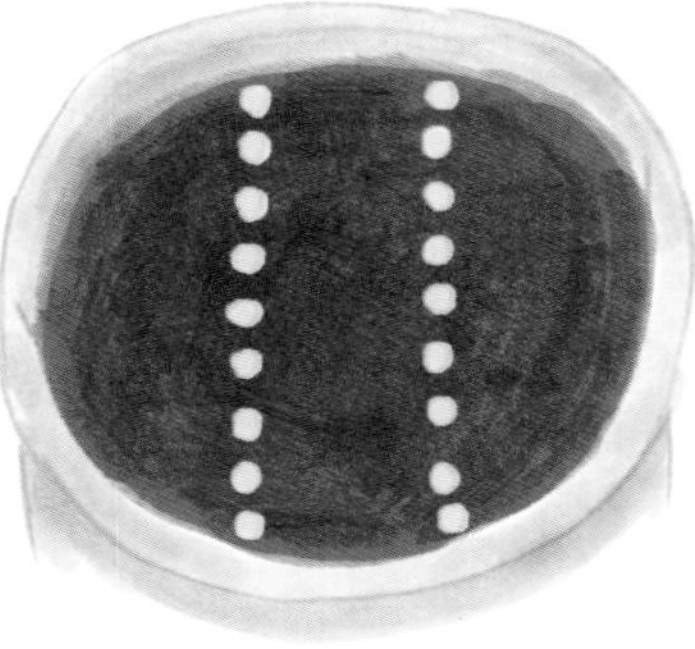

2列に浅い種まき溝（深さ約1㎝）をつくり、その溝に種と種の間が1㎝程度の間隔となるように指で種をもむようにしてまくのが、すじまきです。まいた後は、種の上に周囲の土をかぶせます。土をかぶせる時は、種の高さの2～3倍を標準とします。コマツナ、シュンギク、ホウレンソウ、リーフレタス、ハツカダイコン、コカブなど小さな種類では、袋を縦向きに置くほか、横向きや仰向きに置いてすじまきします。仰向きでは4列くらいのすじまきができます。

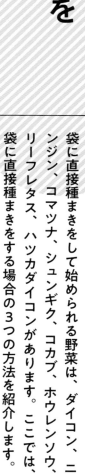

ばらまき

全面に均一に散らばせてまくのが、ばらまきです。まず、まくところの表面の土を1cm程度、袋の端の周囲に寄せます。溝のスペースができたら、ばらまきをします。種まき後は周囲の土をかぶせます。このほか、かぶせる土を別に準備してから、表面の土を平らにして種をばらまき、準備した土をかぶせる方法もあります。ばらまきできる野菜はすじまきと同様です。

点まき

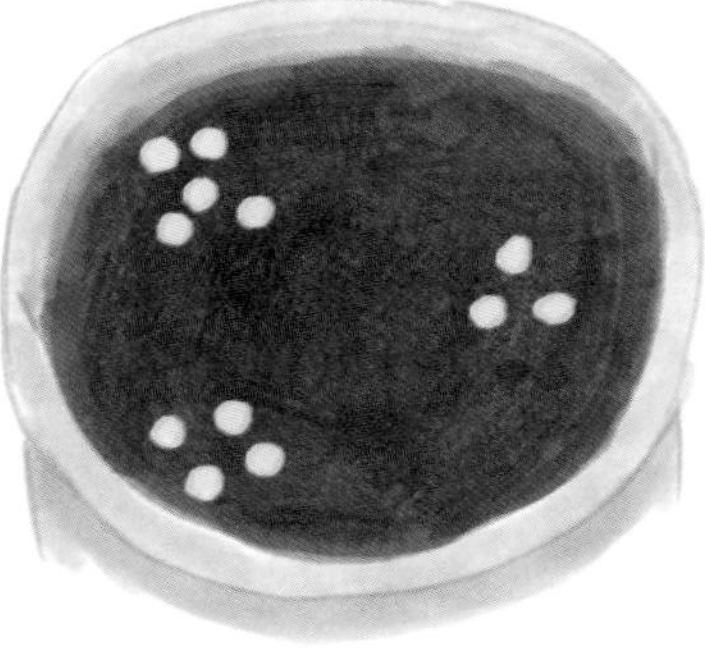

種を一定の間隔を空けて5～6粒ずつまくのが点まきです。袋を縦向きに置いて、ダイコンやニンジンの種をまく時に、点まきをします。ダイコンでは3カ所に、ニンジンでは5カ所に、指で1cmの深さ、直径5cmの平らな穴をあけ、数粒の種をまきます。発芽して、育苗した後は1カ所に1株となるように間引きします。

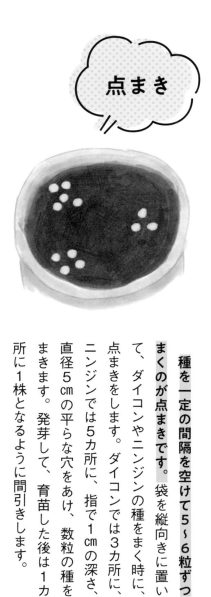

LET'S enjoy!

ポットに種をまいて苗を育てよう

栽培したい野菜の苗を購入せずに、自分で種まきして育てることもできます。ここでは、ポリポットに種をまいて苗をそのまま育てる簡単な方法を紹介します。

種まきに用いるポリポットとしては、直径9㎝の黒ポリポットが一般的で使いやすいです。ポリポットは、育苗箱または水が抜けるトレイに並べます。そして袋栽培用の、肥料を含む土壌pH調整済の培養土を9分目くらいまで入れ、表面の土を平らにします。続いて、指で1㎝程度の深さの小さな穴をあけて、**果菜の種まきの場合はあけた穴に1つのポットに1個の種をまきます。**発芽しない種はほとんどないので、1つのポットに2〜3粒の種まきをして間引きするよりは、少し多めのポリポットを準備して、1つのポットに1粒ずつまきましょう。

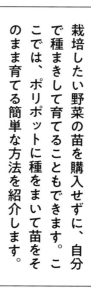

ただし、葉菜の種まきの場合、種が小さいものも多いので、1つのポットにばらまきやすじまき、3〜5カ所への点まきをします。

種をまき終えたら土をかぶせて、水差しまたは小さなジョウロでゆっくりと慎重に水やりをします。霧吹きやスプレーで水を与えることもよい方法です。発芽してからも土の乾燥状態をよく見て、発芽した苗を倒さないように、苗の周囲の土を掘らないように、慎重に水やりをして育苗します。

さらに、ラッカセイ、スイートコーン、エダマメなどは、土をかぶせていてもハトなどの鳥に種を食べられることが多いので、種をまいた後は育苗箱に入れたポリポットの上を寒冷紗などで覆う方が安全です。

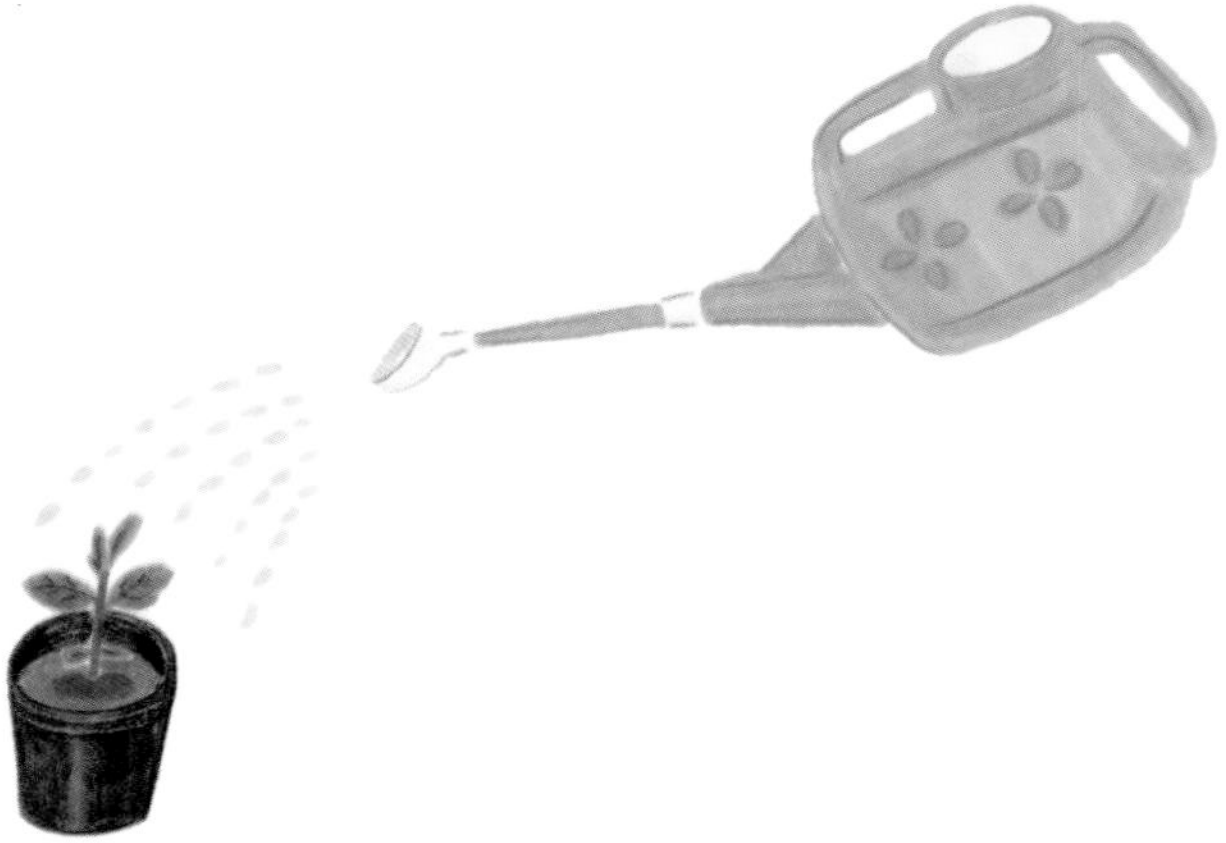

ポリポットでの種まきができる野菜	ラッカセイ、スイートコーン、エダマメ、オクラ、カボチャ、ニガウリ、キュウリ、スイカ、ミニトマト、ナス、バジル、パセリ、シソ、モロヘイヤ

育苗の時期と簡単な防寒対策

種まきして育てた苗を5月上旬に植えつけようとする場合、3月中旬以降から4月に種まきをして育苗します。種まきしたポリポットの入った育苗箱または苗トレイは、昼間は日光のよく当たる暖かいところに置き、夕方は家の中に入れます。

移動が困難な場合には、育苗箱全体を発泡スチロールの箱などに入れ、トンネル支柱をつけて、その上に透明のプラスチックフィルムをかぶせて、確実に保温できるように工夫します。昼間の光が当たっている時には換気に注意し、夜間はプラスチックフィルムの上に古い毛布などをかけて保温します。

建物の南側か東側に軒下がある場合、軒下にポリポットを入れた育苗箱を置いて種まきや育苗ができます。特に寒い日には、夕方から育苗箱を家の中に入れ、トンネル支柱とプラスチックフィルムをかぶせて保温すると安全です。

LET'S enjoy!

ジッパー付き食品保存袋で苗を育てよう

ポリポットに種をまくよりも簡単な苗の育て方を紹介します。使用するのは食品保存袋と種まき培土。この袋の中に種をまいた後は、密封し、1カ月程度は水やりの必要もなく放っておき、見ているだけで苗が育つので、簡便です。

袋の口を開けて生長したキュウリ苗。

発芽したキュウリ苗。

まず、ジッパー付き食品保存袋に、種まき専用の用土の種まき培土300㎖を入れます。この時、袋の底をトントンと上下に打ち、種まき培土の表面を平らにします。その上に水60㎖を入れ、全体に水が広がるように混ぜます。

準備ができたら、間隔を空けて用土に5㎜程度の穴をあけて、ミニトマトのような小さな種は1袋に3粒、キュウリやニガウリでは1袋に2粒の種をその穴にまきます。種まきした後は土をかぶせて、袋に空気を入れた状態で密封。この袋を直射日光の当たらない明るく暖かい室内に置き、毎日観察します。**種まき後、1カ月程度は密封状態を保ち、水を与える必要がまったくありません。**発芽の早い苗は、茎葉を袋の外に出して育てます。袋の口を開けた後は、50㎖程度の水を時々与えます。

参考：梁川・吉村（2016）京都教育大学環境教育研究年報24:49-57.

LET'S enjoy!

袋を使った「養液栽培」を楽しもう

袋やペットボトルを利用した簡便な養液栽培の方法を紹介します。１００円ショップなどで簡単に手に入る容器を利用した、葉菜などを栽培する方法です。袋を使った養液栽培は、スペースを取りません。ぜひ試してみてください。

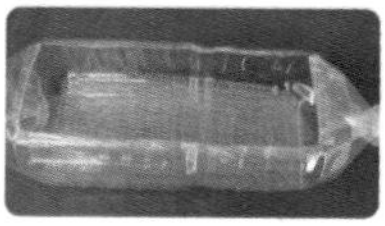

ペットボトルの準備。

ペットボトルへの種まき。

ペットボトルの養液栽培。

丸型容器への種まき。

丸型容器の養液栽培。

養液栽培とは、土を使わずに、固型の培地《ばいち》や水中に根を発達させ、植物に適した栄養分を含む培養液を与えて栽培する方法です。代表的なものには「水耕栽培」「ロックウール栽培」などがあります。この栽培は、連作障害の回避や施肥の合理化、管理の省力化などを目的として開発された方法です。

この栽培に適しているのは、草丈が大きくならない葉菜などの野菜。秋に種まきをして栽培を開始し、秋冬に収穫するのが、春に種まきするよりも簡単です。特に、関西での9月～10月上旬の種まきでは温度が高く、植物はよく育ちますが、害虫の発生が多いので、**涼しくなってきた10月中旬に種まきすると、無農薬での栽培ができ、大きく育ったものから収穫します。**

参考：梁川・椙山（2010）京都教育大学環境教育研究年報18:95-102.

用意するもの

- **野菜を入れる袋(底にマチがあり、袋が立つもの)**

「縦22㎝×横25㎝の食品保存袋」「食パン用フリーザーバッグ」「麻製の野菜の保存袋」など

- **野菜を育てる用土**

「バーミキュライト100%の用土」または「バーミキュライト80%+ピートモス20%の用土」

- **培養液**

「ハイポネックス原液」を1000倍に希釈したもの

- **水受けのための深さのあるトレイまたは容器**

- **葉菜などの種**

(コカブ、コマツナ、ホウレンソウ、ハツカダイコンなど)

袋を使った「養液栽培」の手順

1. 袋の底にナイフなどで約3㎝間隔に6カ所程、切り込みを入れます。その上に鉢底ネットを袋の底に合わせて切って入れて、用土が出てこないようにします。この時、麻袋を使っている場合は、編み目から水が入るため、穴をあける必要はありません。
2. 袋に野菜を育てる用土を入れます(各袋1.8リットル入れています)。
3. 袋の大きさに応じて2列程度のすじまきで種まきします。トレイには、希釈した培養液を深さ3㎝程度になるように入れます。栽培中に培養液が減ったら、その都度、培養液の補充を行います。

食品保存袋で栽培したコマツナ。

食パン用フリーザーバッグで栽培したハツカダイコン。

麻製の野菜の保存袋で栽培したコカブ。

LET'S enjoy!

苗を植えつけよう

購入した苗やポリポットで種をまいて育てた苗を、袋に植えつけます。種から育てた苗も茎が太くがっちりとした苗を選びます。ここでは苗の植えつけ方と種いもなどの植え方を説明します。

種まきの後、すぐに出てくる葉を「子葉」、子葉の後に出てくる葉を「本葉」といいます。**ポリポットで育てた苗は、この本葉が数枚出てきたら、ポリポットの底を見て、底の穴から苗の根が出てきているかどうか確認します。根が少し見えるようなら、その時が苗の植えつけの適期です。**1袋の培養土の容量が限られているので、ミニトマトなどの果菜の場合、1袋に1本の苗を植えつけます。

袋の表面の土に穴をあけ、ポリポットに植えてある苗をポリポットから取り出し、深植えにならないように注意しながら苗を入れて、土をかぶせます。袋に苗を植えつけた後は、たっぷりと水やりをします。

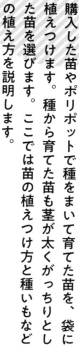

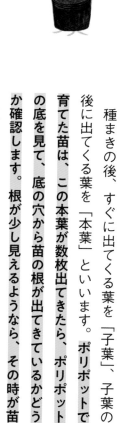

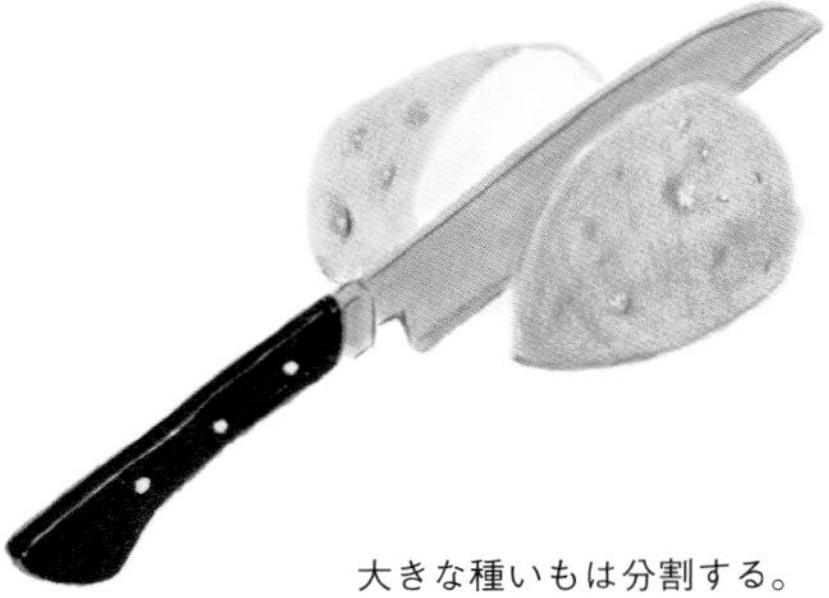

大きな種いもは分割する。

ジャガイモを植えつける

春作の場合、北海道産の種いもが1月頃には園芸店やホームセンター、JAなどで販売されます。**種いもはしわのないしっかりとしたものを選びます。種いもの大きさが小さなものはそのまま、大きなものは大きさによって、包丁で2つ切りか4つ切りに分割します。**その際、伸びていく芽が2～3芽つくように分割します。種いもを分割した場合、もしあれば稲わらの灰などを切り口につけ、1日日陰に置いて切り口を乾かします。灰がなくても、切り口を乾燥させることは必要です。種いもの準備ができたら、30リットルくらいの袋を縦向きに置き、中央に15㎝程度の穴をあけてから、切っていない小さな種いもや、分割した種いもは切り口を上にして、どちらも芽が下になるように穴の底に1個置きます。芽を下向きにするのは、土中で発芽した茎が枝を出しその先がジャガイモになるので、枝を出す場所をできるだけ広く確保するためです。そして、10㎝くらい土をかぶせて植えつけます。ジャガイモは2月下旬～3月下旬に植えつけをして、栽培を始めます。

サツマイモ
を植えつける

植えつける袋は30リットルくらいで縦向きにして、用土には通気のよいものを選び、窒素成分は入れず、カリ肥料を十分与えます。草木灰は石灰分を含むカリ肥料として使えます。

5月中旬頃から植えつける場合、**入手したサツマイモの苗が30㎝くらいで長い茎の場合、上の絵にあるように、茎を船の底のようにやや湾曲させて1袋に1本の苗を植えつけます。**サツマイモの茎の葉の節の部分に形成される根が太ってサツマイモになります。**茎を少し湾曲させて4つくらいの節の部分を地下に埋め込むような形で植えつけます。**

短い茎の苗しかない場合には、1袋に2本の苗を斜めか垂直にし、挿すように植えつけます。斜め植えや垂直植えの場合、地下に埋められる節の部分の数は2つくらいなので、2本の苗を植えて、地下にもぐらせる節の部分をふやして収穫できる量を確保します。5月に植えて、伸びてきた茎を7月上旬くらいまでに20㎝くらいに切って苗とし、別の袋に斜め植えや垂直植えで栽培することもできます。

イチゴ
を植えつける

イチゴの苗は、10月に20リットル入りくらいの袋に、**深植えにならないように植えつけます。**葉のつけ根あたりにある生長点が地上に出るように注意して、袋を縦向きに置く場合は1袋に1本の苗を植えつけます。袋を横向きに置く場合には、1袋に3本の苗を植えつけます。また、袋を仰向きにして栽培する場合には、1袋に6本の苗を植えつけます。植えつけ後には水やりをします。

なお、植えつける時に、苗に残っているランナーが目印になります。イチゴの実になる花房はランナーのついている部分と反対の側に形成されるので、1袋に3～6本の苗を植えつける場合は、ランナーの部分の方向をそろえます。観察や収穫が行いやすいように、実のできる側が手前か袋の外側になるように、ランナーの方向を確認して、植えつけます。

はじめて栽培する方は、園芸店やホームセンターで苗を入手して準備します。

LET'S enjoy!

水やりをしよう

袋栽培の場合、袋内の土の量が限られているため、どの野菜を栽培する場合でも毎日観察して、表面の土が乾いていたら、水やりをすることが大切です。ここでは水の与え方について詳しく紹介します。

毎日観察して、表面の土が乾いているかどうか確かめます。土が乾いていたら、午前中の9時から10時頃に、袋の中に水がほぼ行き渡るように、たっぷり与えることが原則。夜に雨が降るなどで表面の土が湿っていれば、水を与える必要はありません。

ジョウロで与える場合には、水の勢いが強すぎて表面の土を掘ることのないように、水が出る蓮口の種類や向きを確認してください。蓮口は上向きにして、静かに水が落ちるようにします。また、バケツに入れた水を袋のところまで運んで、水ひしゃくで与える方法もあります。ジョウロで水やりをして、野菜の葉に水がかかり葉に水分が多い状態になると、病害虫が発生する原因になるので、気をつけます。

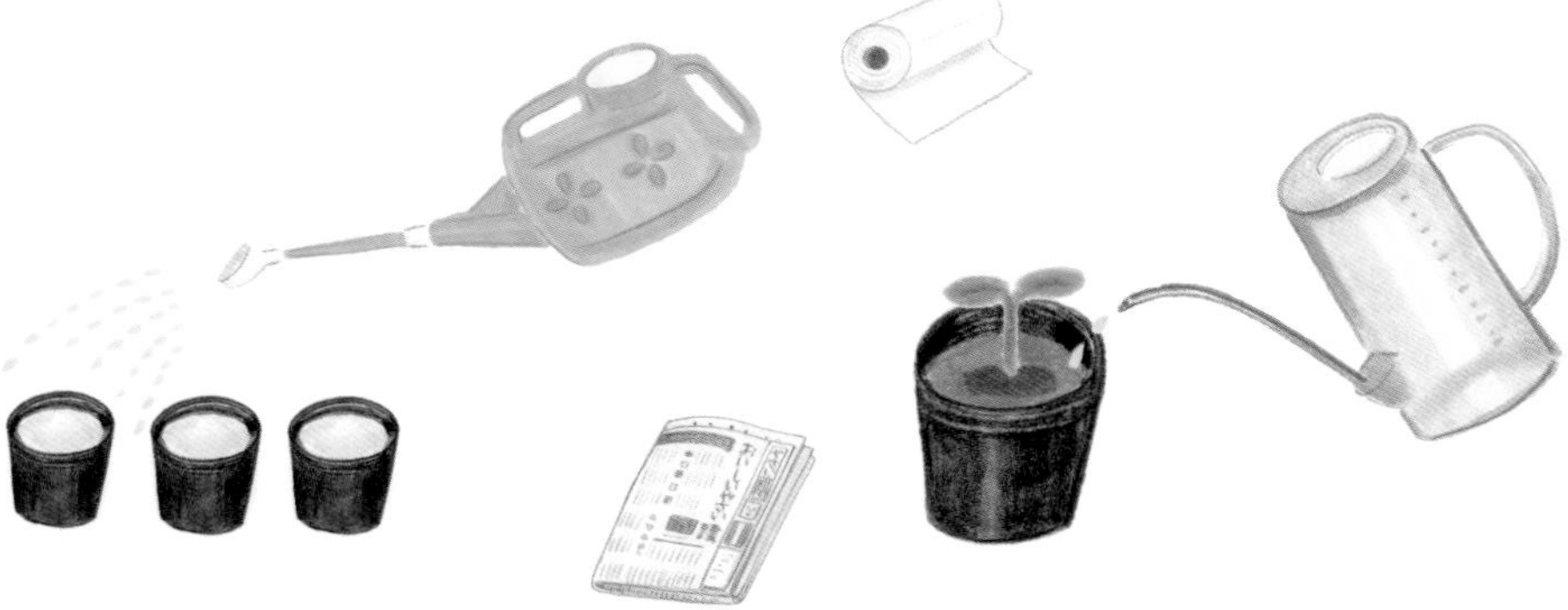

ある程度の大きさに株が育ったら、葉にかからないように根元に水やりをします。

5月から10月くらいまでは、晴天で高温乾燥の日になると、朝に水を十分に与えても夕方には袋の表面の土が乾いてくることが多いので、その場合は夕方に水をさらにたっぷりと与えます。苗を植えつけた場合には、植えつけ直後にたっぷりと水やりを行い、毎日観察しましょう。

種まき後は、水差しで慎重に水やりをします。霧吹きで水を与えることもよい方法です。ジョウロで強く水やりをするとかぶせた土が掘れたり、種が動いてしまうことがあるので、気をつけます。**ジョウロを使う場合は、種まきした土の表面を新聞紙やキッチンペーパーを丸く切って覆い、その上からジョウロで紙を湿らせるように水やりをするのがおすすめです。**

また、屋上など風が強い場所に袋を置いた場合、強風で袋の中が乾いてしまうことがあるので、こまめに観察して、その都度水やりを行うことが必要です。

LET'S enjoy!

追肥をしよう

袋栽培では水やりをたっぷりと行うことが大切です。ただし、与えた水は袋の底から培養土中の肥料分も含んで流れ出てしまうため、栽培期間の長い野菜では、追肥が必要となってきます。追肥のやり方、ポイントを紹介します。

追肥は、4月下旬～5月上旬に果菜の袋栽培を開始した場合、6月上旬から半月に1回程度、7月下旬まで計4回、与えることが大切です。

ただし、野菜の種類によっては、植物の生長、開花、結実、収穫の様子をみて、追肥の量と回数を決めます。葉菜の中で、栽培期間の短い種類の野菜は、追肥は行わず元肥だけで収穫まで行います。

追肥には化成肥料を用いるのが便利です。追肥として元肥で用いた肥料も利用可能。園芸店やホームセンターでは、肥料の3要素の配合を十分考慮したものが数多く販売されていますので、それらを使うこともできます。また、粒状の肥料を追肥するほかに、液体肥料を薄めた肥料液を水やりの際に追加して与えることもできます。

追肥としておすすめの化成肥料の割合

—果菜（キュウリなど）—

栽培期間が長期にわたり、花を咲かせて、実を大きくしなければならないので、窒素（N）10％、リン酸（P）10％、カリ（K）15％程度の化成肥料。

—葉菜（ブロッコリーなど）—

葉を目的とするので、窒素が多く、リン酸、カリを少しおさえた、窒素（N）20％、リン酸（P）15％、カリ（K）10％程度の化成肥料。

—根菜（ダイコンなど）—

カリ肥料を多めにして根を育てなければならないので、窒素（N）10％、リン酸（P）10％、カリ（K）15％程度の化成肥料。

追肥のやり方

土の表面の株のまわりに化成肥料の粒をばらまき、小さな移植ごてや竹べらなどで表層の土とよく混ぜるようにします。この時、10リットルの培養土に対して10g程度の追肥を与えるのが標準量です。

LET'S enjoy!

病害虫の対策をしよう

農薬は病原菌や虫を殺すものであり、人体にも害があると考えています。家庭で実施する野菜の袋栽培では、できるだけ無農薬で栽培できるよう、次のような配慮が大切です。

ポイント

- 病害虫に強い品種を選ぶ
- 病害虫の比較的少ない野菜を選んで栽培する
- 病害虫の発生が多い高温多湿の時期での栽培を避ける
- 良質の新しい培養土を使用する
- できるだけ日当たりがよくて、風通しのよい場所に袋を置くようにする
- 病気にかかった株や病気にかかったと思われる葉は、早めに抜き取り処分する
- 害虫は見つけ次第、取り除き処分する
- コンパニオンプランツを混植するか、コンパニオンプランツを植えた袋を近くに置く

LET'S enjoy!

支柱を立てよう

ミニトマトやキュウリなどの背が高くなる果菜では、5月下旬までに支柱を立てて茎を誘引します。また、袋をいくつか並べる場合には、縦に支柱を立てて、さらに横にわたす支柱もつないで補強すると倒れる心配がなく安心です。

１つの袋に支柱を立てる場合、３本の支柱を使います。袋に向かって左前と右前の端に近いあたりと、中央の植物のやや後ろのあたりに、**真上から見れば三角形となるように支柱を立てる位置を決めます。**１８０㎝程度の支柱を土中に縦に挿して立て、それらを袋内の土の表面から40㎝、80㎝、１２０㎝程度の高さのところで、短い支柱を横にわたして交差するところをひもでつないで固定します。

植物の後ろに立てた支柱には、茎をひもやビニールタイなどで誘引。茎と支柱の結び方は上の絵のように、**茎の生長、肥大を考慮して、余裕をもたせて8の字形に結んで誘引します。**緑のカーテンをつくる場合は、両端の袋に縦の支柱を立て、上部に横にわたす支柱とをつなぎ、ネットをかけて固定します。

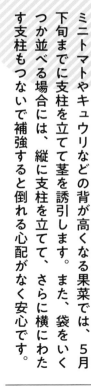

LET'S enjoy!

緑のカーテンをつくろう

夏の強い日差しをさえぎるような緑のカーテンをつくってみませんか？　つる性の植物で窓や壁を覆うと、暑い日でも涼しく、さわやかに、気持ちよく夏を過ごせます。ここでは、緑のカーテンのつくり方を紹介します。

プランターなどの容器を使わなくても、袋だけで本格的な緑のカーテンをつくることができます。袋栽培なら設置する場所を選ばずに行えるので、便利です。

緑のカーテンにおすすめの植物は、8月頃までに実がなる野菜。ニガウリ、ヘチマ、キュウリなどで、11月頃まで葉が美しく伸びる野菜には、ヤマイモ、ツルムラサキなどがあります。

苗の植えつけと同時か、つるが伸びないうちに、数個の袋を設置場所に並べます。両端の袋の土に２ｍ程度の支柱を縦に挿して立て、上部で横にわたす支柱と

つないで固定し、下部には丈夫なひもを横に張って、それらにビニールタイで緑のカーテンのネットを固定します。

生長したつるが偏らずにネット全体を覆うように、つるをネットへ誘引して緑のカーテンを形成します。

緑のカーテンの植物は大きく生長していき、**日差しが強くなって気温も上昇してくると、朝と夕方にたっぷりと水やりを行わなくてはなりません。**そして、水やりの回数が増えれば、水が抜け出る際に肥料分も流失していきます。そのため、**植えつけ後の1カ月頃からは、およそ2週間ごとに速効性の化成肥料（N:P:K=8:8:8）などを追肥として与えます。**

私のチームの研究では、7月～10月に緑のカーテンの3カ所で収集したサーモグラフィとサーモレコーダーの温度データによると、緑のカーテンによって遮光されていない場所より、遮光されている場所の方が、温度が平均して5℃～10℃低い結果となりました。このことは、緑のカーテンには遮光と植物の蒸散により、十分な温度低減の効果があることを確かめられ、また緑の葉により光がやわらかく感じられました。また、室内の照度を測った結果、緑のカーテンによって暗くなるのではなく、緑の葉によって明るくなったとする報告もあります。

参考：延原・浅野・梁川（2010）京都教育大学環境教育研究年報18:71-77.／竹村（2009）緑のカーテンの効果測定．図解 おもしろ子ども菜園 農文協．pp.104-105.

LET'S enjoy!

袋栽培で気をつけておきたいこと

袋を置く場所は土の上が理想

袋の置く場所が土の上なのか、アスファルトやコンクリートの上であるかなど、その場所の条件を考慮することが大切です。

私は以前、植物の生長にとって、どこに置くのが一番いいか実験をしたことがあります。その結果、どこもよく生長しましたが、**土の上に直接置いて育てた袋の生育が、最も優れていました。**

しかし、土の上に置くのは注意も必要です。植物が大きく生長すると袋の底から根を出してきてしまいます。この場合、袋を移動しなければ問題はありませんが、袋を移動させた場合はそれらの根が切られることになり、生育が阻害されてしまうので気をつけます。

日当たりがよすぎる場合は、白色の寒冷紗をかけて工夫する

日当たりがよくて風も強い場合、袋の土が乾くのでこまめに観察をして、朝だけではなく夕方にも水やりをすることが必要です。

果菜や根菜は日当たりが強くても大丈夫です。ただし、**葉菜に対しては、近年は真夏でなくても5月頃から夏のような高温で強光になる日も多くあるため、日中の高温強光時には、袋の上に、園芸店などで売られている白色の寒冷紗をかけましょう。**

白色の寒冷紗で直射日光をさえぎるようにすると、葉肉のやわらかい良質の葉菜が収穫できます。

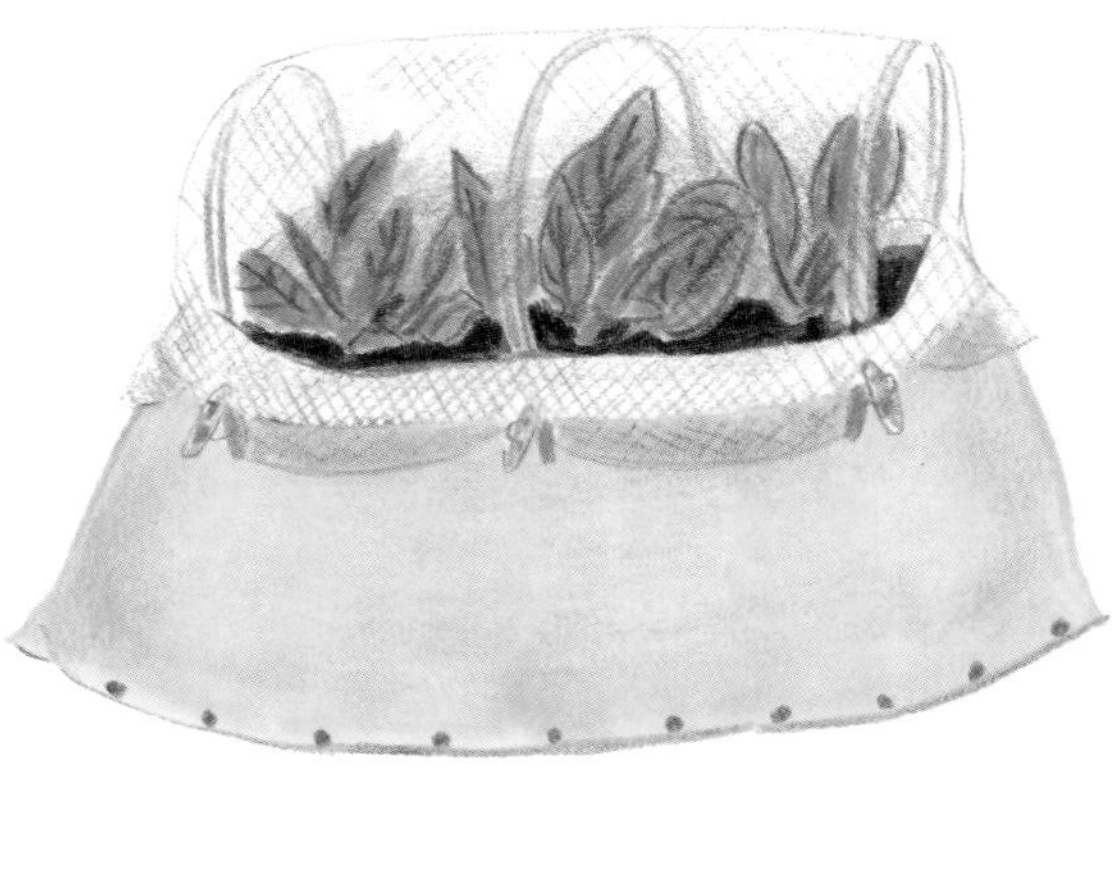

LET'S enjoy!

2作目の準備をしよう

太陽光で消毒

1作目で使った土と袋は真夏の太陽に当てて消毒。

袋と土は太陽光で消毒

　2作目の栽培では、1作目が夏に終わる野菜で、2作目が秋からの栽培になる場合には、1作目の栽培と同じ袋が使えます。しかし、袋と土をそのまますぐに使うのではなく、茎や葉を取り除き、土の中の根も除去してから、水をたっぷり入れて袋の口をしばり、**袋とその土を真夏の太陽光に当てて消毒をすることが大切です。**できれば、新しいポリエチレン製の肥料袋や培養土の袋、または土のう袋を使う方が安心です。

　また、**1作目の栽培を秋まで実施した場合には、地上部の茎葉や地下部の根を取り除いた後、袋に水を入れて口をひもなどでしばり、外に置いて真冬の寒さにさらし、袋内の水を凍らせるようにします。**そして、春からの2作目の栽培に使います。

連作に強い野菜・弱い野菜

—連作できる野菜—

ニンジン、スイートコーン、ダイコン、サツマイモ、コマツナ、カボチャ、タマネギ、ネギ、シソ

—1～2年やすんだ方がよい野菜—

イチゴ、ホウレンソウ、ラッカセイ、リーフレタス、カリフラワー、ブロッコリー、ショウガ、チンゲンサイ

—3年やすんだ方がよい野菜—

キュウリ、ジャガイモ、ミニトマト、ナス、ピーマン、サトイモ、スイカ、エダマメ、ハクサイ

2作目に栽培する野菜を選ぶ

同じ野菜を同じ場所で続けて栽培する連作をしていくと、やがて生産量が減少してくる場合があり、この現象は「連作障害」と呼ばれています。原因として、土中の肥料成分が蓄積してくること、病害虫が増加すること、生育を阻害する物質が植物の根から分泌されることなどがあげられています。

袋栽培で2作目を考える場合に「連作障害」に注意することが必要です。上に連作に強い野菜と連作に弱い野菜をまとめて示しています。これを参考にして、2作目に栽培する野菜を選んでください。このほか、サツマイモでは、肥料を入れずに栽培できるので、3作目の栽培が可能です。

LET'S enjoy!

家族みんなで楽しもう

子どもとともに野菜を栽培することは、心に豊かさをもたらす楽しい活動です。また、自分たちでつくった野菜なら好き嫌いも少なくなってきます。植物を栽培してそのものに触れたり、植物の生長・開花・結実の様子を観察したりすることによって、子どもだけでなく、大人も同じように、次のような四つの大切な心が育まれるものと信じています。

その**第一の心は、「和らぐ心」**です。これは、植物の存在や生長に関わることで、気持ちが落ち着き、精神的に安定する心が育つのではないかと考えます。**第二の心は、植物の生長・開花・結実といったさまざまな現象を観察して、「不思議に思ったり、驚いたりする心」**です。**第三の心は、生きている植物の生命力に触れ、「命を感じる心、命を大切にする心」**が育つこと。そして、**第四の心は、栽培して植物が順調に育つことや植物に関わることを楽しみ、野菜では収穫して食べることを楽しく思い、また、草花であれば開花した花を見て「楽しむ心」**です。

本書に掲げたさまざまな方法を試みて、私たちの心に豊かさをもたらす活動の一つとして、心を育み、命の大切さを感じて学んでもらえたら嬉しいです。

PART 2

袋栽培で野菜づくり

果菜

ミニトマト

適切な袋の容量　30リットル　袋の適した置き方　縦向き

月	1	2	3	4	5	6	7	8	9	10	11	12
種まき			■	■								
苗の植えつけ				■	■							
収穫							■	■	■			

DATA

連作
3年やすむ

発芽適温
25 ～ 30℃

生育適温
昼間25 ～ 30℃、
夜間10 ～ 20℃

育てやすく人気の野菜

ミニトマトはナス科に属し、失敗が少なく、育てやすいので、特に人気の野菜です。

特徴は、茎や葉をつくる生長（栄養生長）と、花や実をつける生長（生殖生長）が同時に行われること。主茎の生長点は、本葉を8枚ほど形成した後に、実となる第1花房（トマトが最初につける花房）ができます。そして、第1花房より上は、葉→葉→葉→花房→葉→葉→葉→花房というように規則的につきます。どの花房も一定の方向に出るのが不思議です。

1 種まき・植えつけ

ミニトマトは、ポリポットに種をまいて苗を育ててから、袋に植えつけて栽培します。種をまく時期が過ぎてしまっていたら、購入した苗を植えつけるのがおすすめです。ポリポットで種まきから始める場合、培養土を入れた1つのポットに1粒の種を1cm程度の深さの穴に入れ、培養土をかぶせ、水差しまたは小さなジョウロで慎重に水やりをして保温して育苗します。苗の葉が5枚以上に育ってきたら、深植えにならないようにして、1袋に1本の苗を植えつけます。

2 栽培管理

わき芽を取る

生長するにしたがって、葉のつけ根にわき芽が出てきます。わき芽はあまり伸びないうちにすべて摘み取るのがポイントです。わき芽を摘み取らないでいると、栄養がわき芽の生長に使われ、実の生長が遅れてしまいます。

わき芽は伸びないうちに摘み取る。

支柱を立てる

植えつけから2～3週間経つと、茎が伸びてきます。袋の3カ所に3本の縦支柱を立て、横支柱もつけて固定します。支柱が立てられたら、ミニトマトの生長に応じて、ひもなどで8の字形に茎を支柱に誘引します。

3 収穫

ミニトマトは開花後40～50日で着色が始まり、50～60日で成熟します。実が赤く熟したものから順に、こまめに収穫しましょう。収穫は実をつけている軸の部分を剪定ばさみで切り取ります。収穫が遅れると、虫や鳥に食べられてしまうので気をつけます。8月の暑い時期も実が赤く熟してくるので、水やりは1日も欠かさずに行いましょう。

果菜

ナス

適切な袋の容量　30リットル　袋の適した置き方　縦向き

月	1	2	3	4	5	6	7	8	9	10	11	12
種まき			■	■								
苗の植えつけ					■							
収穫							■	■	■	■		

DATA

連作
3年やすむ

発芽適温
25 ～ 30℃

生育適温
昼間23 ～ 28℃、
夜間13 ～ 18℃

次々と実がつき長い期間収穫できる

ナスはナス科に属し、古くから栽培され、地方ごとに特有の品種がつくられてきました。ナスの場合も、ミニトマトのように茎における実のつく位置は規則的で、葉が2枚出るごとに花が形成されて実ができてきます。**株は大きく生長すると次々と実をつけていくので、2番目の実ができてからは、小さいうちに収穫する方が、より多くのナスの実がなります。**晴れた日にはたっぷり水やりをして、生長してきた実は、どんどん収穫します。

1 種まき・植えつけ

ナスは、ポリポットに種をまいて苗を育ててから袋に植えつけて栽培します。種をまく時期が過ぎてしまった場合や保温して育苗することが難しい場合には、購入した苗を植えつけるのがおすすめです。ポリポットで種まきから始めて育苗する場合、苗の葉が5枚以上展開して育ってきたら、苗の植えつけをします。この時、1袋につき1本の苗を、深植えにならないようにして植えつけます。

2 栽培管理

支柱を立てる

植えつけをしたナスは、5月下旬頃から1番花が咲き始めます。この頃までには、支柱立てをします。6～7月は、次々と花を咲かせて大きく生長。ナスは肥料をたくさん吸収するので、肥料は切らさないように十分に与えます。袋栽培では主茎と、1番花のすぐ下の側枝とその下の側枝の計3本の枝を残します。

収穫には剪定ばさみを使います。生長した株は、枝の生長とともに実も次々につけて大きくなります。1番目の実をいつまでも枝につけたままにしておくと、枝の方に栄養分がいかなくなり、その後の株の勢いが衰えるので気をつけます。

更新剪定

暑さによって株の勢いが弱ってくる8月上旬頃、収穫をやすみ、新しい枝を出すために、左下の絵のように思い切って枝を切り落とします（更新剪定）。枝を切り落として剪定した後、有機配合肥料などを1袋あたり約30g与えて、樹勢の回復をはかり、9月から秋ナスを収穫します。

3 収穫

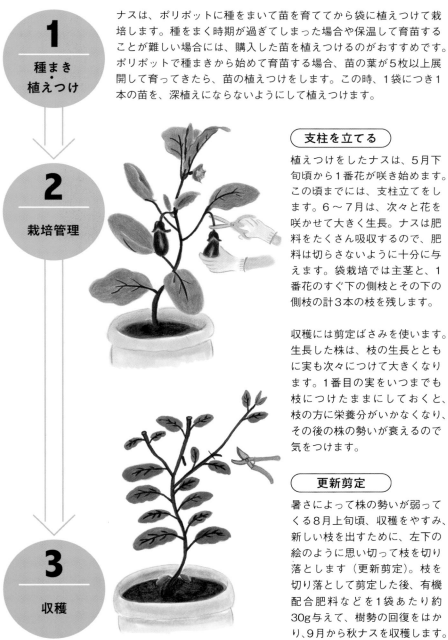

ピーマン

適切な袋の容量 30リットル　袋の適した置き方 縦向き

月	1	2	3	4	5	6	7	8	9	10	11	12
種まき			■	■								
苗の植えつけ					■							
収穫							■	■	■			

DATA

連作
3年やすむ

発芽適温
20 ～ 30℃

生育適温
昼間25 ～ 30℃、
夜間15 ～ 20℃

長い期間収穫を楽しめる

ピーマンはナス科に属し、トウガラシと同じ仲間で、実に辛みをもたないものをピーマンと呼びます。近年は、消費者の好みの変化に合わせて、果肉の厚いものより果肉が薄くてやわらかい品種が出てきています。このほか、完熟させて収穫する、果肉が厚い甘味種で、色が赤色、黄色、オレンジ色などのカラーピーマンまたはパプリカも人気があります。**ピーマンは収穫期間が長い一方で、実が大きくなりすぎると皮がかたくなってしまうので気をつけます。**

1 種まき・植えつけ

ピーマンは、ポリポットに種をまいて苗を育ててから、袋に植えつけて栽培します。種をまく時期が過ぎてしまった場合や保温して育苗することが難しい場合には、購入した苗を植えつけるのがおすすめです。ポリポットで種まきから始めて育苗する場合、本葉が5枚以上に展開して、茎が太くがっちりと生長したら、1袋に1本の苗を深植えにならないように注意して植えつけます。

2 栽培管理

支柱を立てる

6月上旬までに支柱を立てて、茎をひもなどで誘引します。主茎は生長して第1番目の花芽を形成した後、側枝が出てくるので、それを伸ばして2〜3本仕立ての株にします。その後は自然に生長させます。第1番目の花の下のわき芽はすべて摘み取ります。

3 収穫

ピーマンは乾燥に弱いので、十分に水やりをします。大きく生長した株は、次々と花をつけて結実します。収穫には剪定ばさみを使用。ピーマンの収穫は、開花後15日目くらいを目安として、実がきれいな緑色で適当な大きさになったら、少し小さいうちからこまめに収穫します。肥料を切らさないように、追肥として2週間に1回、有機配合肥料などを1袋に30g与えます。

キュウリ

適切な袋の容量 30リットル　袋の適した置き方 縦向き

月	1	2	3	4	5	6	7	8	9	10	11	12
種まき												
苗の植えつけ												
収穫												

DATA

連作
3年やすむ

発芽適温
25 ～ 30℃

生育適温
昼間23 ～ 28℃、
夜間10 ～ 15℃

緑のカーテンにも利用できる

キュウリはウリ科に属し、つる性の茎を伸ばして生長します。緑のカーテンに使うこともできます。キュウリは同じ株に雌花と雄花が別々に咲きます。また、キュウリには巻きひげがあり、これは葉が変化したものであると考えられています。栽培で気をつけたいのは、キュウリの病気です。うどんこ病やべと病があり、害虫はアブラムシとウリハムシが発生。虫は見つけたら取り除き、風通しをよくして、乾燥しないよう水やりを適切に行うことが大切です。

1 種まき・植えつけ

ポリポットに種をまいて苗を育ててから、袋に植えつけて栽培します。種をまく時期が過ぎてしまったら、購入した苗を植えつけるのがおすすめです。ポリポットで種まきから始める場合、苗の葉が5枚以上に育ったら、1袋に1本の苗を、深植えにならないように、植えつけます。

2 栽培管理

支柱を立てる

茎がつる状に伸びて巻きひげが出てくる頃までに支柱を立てます。キュウリは、花が咲いてから食べられるまでの日数がとても短く、花が散り、数日経つと小さな実となります。

整枝

支柱に誘引して、生長してきた主茎のつる（親づる）の下から5節目くらいまでの雌花と節から出てくる側枝（子づる）は早めに摘み取ります。これは、下の節から側枝を生長させると、株に負担がかかり、収量の低下を引き起こすので、それを防止するために行います。

3 収穫

雌花開花後の実の肥大の様子を毎日観察していると、5～6日目から実の肥大が急激に進みます。夜間の実の生長量は大きく、一晩で3㎝も肥大することも。10日目頃からはゆるやかに肥大していきます。開花後10日程度で収穫できます。収穫が遅れると、実が大きくなりすぎるので、早めに収穫します。

ニガウリ

適切な袋の容量　30リットル　袋の適した置き方　縦向き

月	1	2	3	4	5	6	7	8	9	10	11	12
種まき			■	■								
苗の植えつけ					■							
収穫							■	■	■			

DATA

連作
2年やすむ

発芽適温
25 ~ 30℃

生育適温
25 ~ 28℃

夏バテに効果がある健康野菜

ニガウリは別名ツルレイシ、ゴーヤと呼ばれるウリ科の野菜です。1袋での栽培のほかに、数個の袋を並べて、簡単に緑のカーテンをつくることもできます。ニガウリの実には苦みがあり、夏バテに効く健康野菜として注目されています。同じ株に雌花と雄花が別々に咲くので、それぞれの花を観察して見分け方を確認すると面白いです。また、**ニガウリは取り遅れてしまうと、熟して黄色になり、さらに熟すと実が割れて赤い種が見えてきます。**

1 種まき・植えつけ

ニガウリは、ポリポットに種をまいて苗を育ててから、袋に植えつけて栽培します。種をまく時期が過ぎてしまった場合や保温して育苗することが難しい場合には、購入した苗を植えつけるのがおすすめです。ポリポットで種まきから始める場合、苗の葉が5枚以上に育ってきたら植えつけをします。この時、1袋に1本の苗を深植えにならないように植えつけます。

2 栽培管理

摘心

1袋で育てる場合、ニガウリは生長が早いので、茎がつる状に伸びて巻きひげが出てくる5月下旬までに、支柱立てを行います。主茎の親づるが1mくらいになった時（本葉が7～8枚になった頃）に、親づるの先端を切って摘心して、子づるの伸長を促します。

緑のカーテンをつくる

緑のカーテンは、日当たりのよい窓辺やテラスなど、どこにでもつくることができます。苗の植えつけと同時か、つるが伸びないうちに緑のカーテン設置場所へ、ネットを張った支柱を立てて固定します。生長したつるは偏らないようにネットへ誘引して緑のカーテンを形成します。

3 収穫

自然の中ではミツバチなどの昆虫によって受粉が行われますが、確実に実をつけたい時には、人工受粉もできます。雌花は受粉すると花がしぼみ、子房がふくらんで実になります。受粉から15～20日経ち、実が20～25㎝に育ったら、剪定ばさみで切って収穫します。

スイカ

適切な袋の容量　30リットル　袋の適した置き方　縦向き

月	1	2	3	4	5	6	7	8	9	10	11	12
種まき												
苗の植えつけ												
収穫												

DATA

連作
3年やすむ

発芽適温
25 ～ 30℃

生育適温
昼間25 ～ 35℃、
夜間16 ～ 20℃

つるを地面に伸ばして育てる

スイカはウリ科に属し、つる性の茎を伸ばして生長します。多くの品種がありますが、**袋栽培で支柱をつけて栽培する場合には小玉スイカを選びます。大きなスイカを作りたい場合には支柱を立てずにつるを袋の周囲に伸ばします。**

スイカの花は茎の葉の葉腋につきます。雌花、雄花と、めしべ、おしべの両方をもつ両性花があります。花の形態や花のつき方を観察すると楽しいです。ここでは、支柱を立てずに大きなスイカを栽培する方法について紹介します。

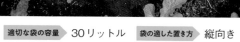

1 種まき・植えつけ

スイカはポリポットに種をまいて苗を育ててから、袋に植えつけて栽培します。種をまく時期が過ぎてしまった場合は、購入した苗を植えつけるのがおすすめです。ポリポットで種まきから始める場合、苗の葉が4枚以上に育ったら、1袋に1本の苗を植えつけします。この時、ポリポットの土が袋の表面の土から1㎝くらい出るように浅めに植えて、水やりはひかえめにします。

2 栽培管理

摘心

親づるが30㎝程度に伸びた頃、親づるの各葉の葉腋から子づるが伸び始めます。親づるが5～6節のところで摘心（茎の先を切る）し、子づるを3本程度伸ばします。この子づるにそれぞれ1個の実をつけるようにします。最初の雌花は摘み取り、2番目以降の雌花に実をつけさせるようにします。子づるの節から生じる孫づるは、できるだけかき取ります。

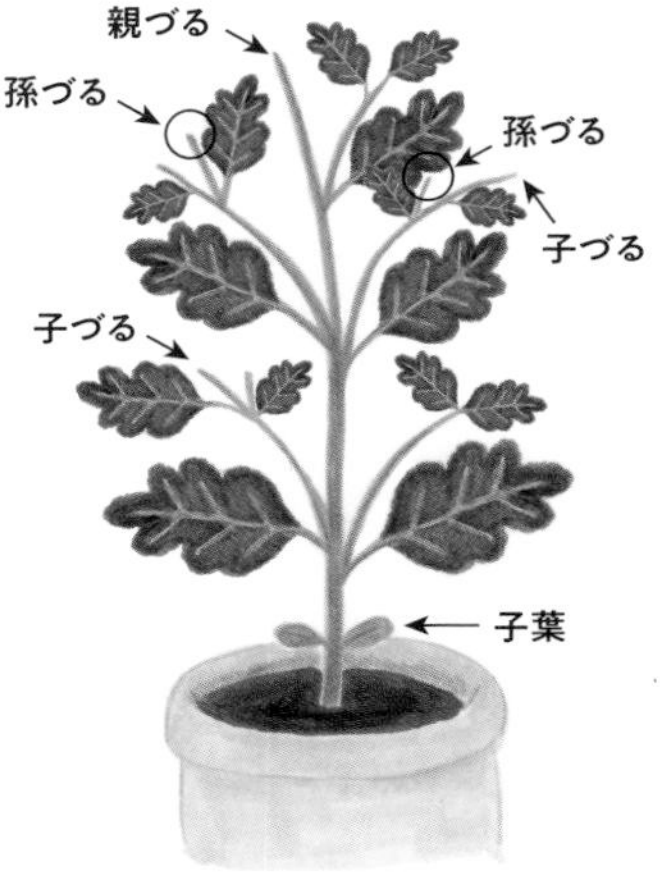

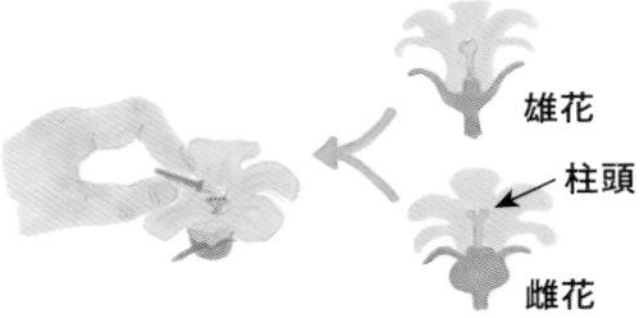

3 収穫

自然に着果する場合もありますが、天候や株の状態によっては実をつけないこともあるため、確実に着果させるためには人工受粉を行います。スイカの実が大きくなってきたら、実の下に藁《わら》やござなどを敷きます。カラスなどが実をつついて傷をつける恐れがあるため、タマネギを入れるネット袋のようなものを実の上あたりにかけておきます。

カボチャ

適切な袋の容量 30リットル　袋の適した置き方 縦向き

月	1	2	3	4	5	6	7	8	9	10	11	12
種まき			■	■								
苗の植えつけ					■							
収穫							■	■				

DATA

連作
できる

発芽適温
25 ~ 30℃

生育適温
20 ~ 25℃

ウリ科では一番育てやすい野菜

カボチャはウリ科に属する果菜類の中で最も栽培しやすく、植えつけから収穫までの期間が比較的短い野菜です。雄花、雌花も大きいので観察も楽しめます。また、カボチャには実の表面がでこぼこしている日本カボチャと実の表面がなめらかな西洋カボチャがあり、このほかに色や形が面白いペポカボチャという種類もあります。確実に着果させるためには人工受粉を行います。実がついたら、実を大きく育てるために追肥を与えることも大切です。

1 種まき・植えつけ

カボチャは、ポリポットに種をまいて苗を育ててから、袋に植えつけて栽培します。種をまく時期が過ぎてしまった場合は、購入した苗を植えつけるのがおすすめです。ポリポットで種まきから始める場合、苗の葉が4枚以上に育ってきたら、1袋に1本の苗を植えます。植えつけ後は十分に水を与えます。

2 栽培管理

支柱を立てる

袋に3本の支柱を立てます。カボチャは主茎のつる（親づる）だけを伸ばし、わき芽の子づるは摘み取ります。親づるが伸びてきたら、つるがらせん状に支柱に巻きついていくように誘引します。最初につく雌花は摘み取り、5番目の節以降につく雌花に実がつくようにします。

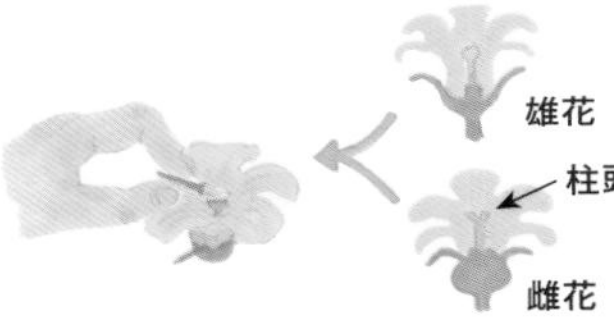

人工受粉

自然に着果しますが、天候や株の状態によっては実をつけないこともあるため、確実に着果させるためには人工受粉を行います。晴天で雌花が咲き始める日の午前8時～9時に、雄花の花粉を直接、または、綿棒にたっぷりつけて、雌花のネバネバした柱頭に花粉をつけます。

3 収穫

実をつけている軸にコルク状のすじが入ったら、カボチャの完熟の証し。この軸の部分を剪定ばさみで切って収穫します。実が完熟してから収穫するとおいしく食べられます。実に爪を立て、皮に傷がつかなくなったら完熟していると判定する方法もあります。

トウガン

DATA

連作
できる

発芽適温
25 ～ 30℃

生育適温
25 ～ 30℃

適切な袋の容量　30リットル　　袋の適した置き方　縦向き

月	1	2	3	4	5	6	7	8	9	10	11	12
種まき			■	■								
苗の植えつけ					■							
収穫							■	■				

小さな実ができる品種を選ぶ

トウガン（冬瓜）はウリ科に属し、夏に収穫し、冬まで長期に貯蔵できることから、冬の瓜といわれています。トウガンは生育が旺盛な野菜で、品種により実の重さが1kgくらいのものから10kg以上になるものまであり、果皮には白い粉を有する品種と有しない品種があります。**大きく育つ品種は袋栽培には適さないため、なるべく大きくならないミニの品種を選んでください。**実がついたら、実を大きく育てるために追肥を与えることも大切です。

1 種まき・植えつけ

ポリポットに種をまいて苗を育ててから、袋に植えつけて栽培します。種をまく時期が過ぎてしまった場合は、購入した苗を植えつけるのがおすすめです。ポリポットで種まきから始める場合、苗の葉が3枚以上に育ってきたら、1袋に1本の苗を植えつけます。

2 栽培管理

支柱を立てる

トウガンを栽培する袋には、袋の3カ所に3本の縦支柱を立て、横支柱もつけて固定します。トウガンは主茎のつる（親づる）が6枚くらいの葉を展開した時に摘心（茎の先を切る）し、子づるを5本くらい伸ばして、らせん状に支柱に巻きついていくように、つるをひもなどで誘引して仕立てます。そして、子づるの18節以上にできる雌花に実がつくようにします。

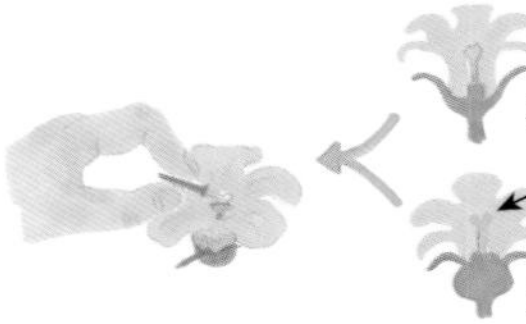

3 収穫

自然に着果する場合もありますが、天候や株の状態によっては実をつけないこともあるので、確実に着果させるためにカボチャのように、人工受粉を行います。晴天で雌花が咲き始める日の午前8時～9時に、雄花に花粉を直接か綿棒にたっぷり取り、雌花のネバネバした柱頭に花粉をつけます。この受粉した日をラベルに書いてその雌花のところにつけておきます。品種や気候によって異なりますが、受粉後20日くらいで収穫期に達します。

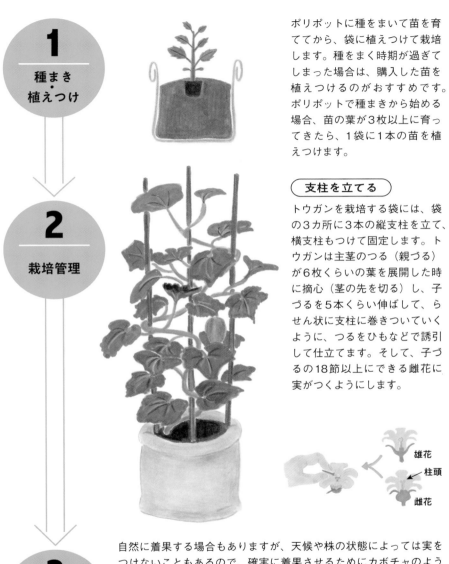

果菜

ヘチマ

適切な袋の容量　30リットル　袋の適した置き方　縦向き

月	1	2	3	4	5	6	7	8	9	10	11	12
種まき			→	→								
苗の植えつけ					→							
収穫							→	→	→			

DATA

連作
できる

発芽適温
25 ～ 28℃

生育適温
25 ～ 30℃

料理以外にも活用できる野菜

ヘチマはウリ科に属し、別名イトウリといわれ、強健なつる性の植物です。沖縄ではニガウリ（ゴーヤ）とともに、**暑い夏を乗り切る健康野菜として、若い実はサラダや油炒めなど、大きくなった実はヘチマステーキや味噌汁の具などの料理に利用されます。**これらのほか、ヘチマたわしやヘチマ水としても活用されています。同じ株に雌花と雄花が別々に咲きます。また、ヘチマの巻きひげも観察すると楽しく、おすすめです。

1 種まき・植えつけ

ヘチマには食用の品種のほか、鑑賞や繊維用の品種があるので、必要な品種を選んで、ポリポットに種をまいて苗を育ててから、袋に植えつけて栽培します。種をまく時期が過ぎてしまった場合は、購入した苗を植えつけるのがおすすめです。ポリポットで種まきから始める場合、苗の葉が5枚以上に育ったら1袋に1本の苗を植えつけます。

2 栽培管理

支柱を立てる

茎がつる状に伸びて巻きひげが出てくるまでに支柱を立てます。主茎の親づるの5～10節から子づるが発生し、子づるから孫づるが発生して、それらの15節以上のところで着果してきます。着果は孫づるに多くみられます。

緑のカーテンをつくる

ヘチマを植えつけた袋を並べて、支柱を立て、ネットや支柱をひもで固定します。生長してくるヘチマのつるを誘引して緑のカーテンをつくります。

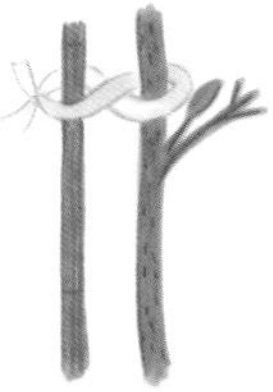

3 収穫

自然の中ではミツバチなどの昆虫によって受粉が行われます。若い実を食用として利用する場合には、雌花が開花後10日くらいからの若い実を収穫します。さらに成熟した実については適当な大きさになったものを選んで、剪定ばさみで切って収穫します。

エダマメ

DATA

連作
3年やすむ

発芽適温
20 ～ 35℃

生育適温
20 ～ 25℃

適切な袋の容量　30リットル　袋の適した置き方　縦向き

月	1	2	3	4	5	6	7	8	9	10	11	12
種まき				■	■	■						
苗の植えつけ					■	■						
収穫							■	■	■			

夜になると葉が眠る

エダマメはマメ科に属し、ダイズの実（豆）を若いうちに収穫して枝をつけたままで売られるためにエダマメ（枝豆）と呼ばれています。ビタミンやミネラル、食物繊維を多く含む栄養価の高い野菜の一つです。エダマメの葉は、昼間は正常に展開しますが、夕方5時頃には葉が下の方向に傾き始め、暗くなる7時頃にはほぼ垂直に垂れ下がります。これは葉が眠る現象で「就眠運動」と呼ばれています。その様子は、とても不思議で観察すると面白い野菜です。

1 種まき・植えつけ

エダマメは4月中旬から種まきをします。種まきから収穫までは、早生種では80日程度、晩生種では100日程度です。エダマメは収穫して2日経つと味が変わってしまうので、種まきを6月上旬まで数回に分けて行うと、何度も収穫できます。ポリポットへの種まきが簡単です。ポリポットに培養土を9分目程度入れ、指で1㎝ほどの深さに穴をあけて、その穴に1ポットに1個の種を横向きにして置き、その上に土をかぶせ水やりをします。種まき後、ハトなどの鳥に食べられることが多いので、種をまいた後は寒冷紗などで覆う方が安全です。ポリポットに種まきして、本葉が3枚以上に展開した頃に、1袋に2～3本の苗を植えつけます。

2 栽培管理

鳥に食べられないように、
種まき後は寒冷紗などで覆う。

摘心

定植後、本葉が4～5枚展開した頃に主茎の芽の先を摘み取り（摘心）、多くの側枝を伸ばすようにします。摘心をすると、摘心をしない場合よりもマメをつける枝がふえるので、エダマメの収量が増加します。また、エダマメにはカメムシがつくことがあるので、見つけたらすぐに取り除きます。

3 収穫

早生の品種「富貴」は、種まき後80日程度で収穫できます。さやのふくらみが目立ち、さやを手で押さえてみて、中のマメがはじけて飛び出るようになったら収穫適期です。根ごと株を掘り取るか株元を剪定ばさみで切って収穫します。

ラッカセイ

適切な袋の容量 30リットル　袋の適した置き方 縦向き

月	1	2	3	4	5	6	7	8	9	10	11	12
種まき					▶							
苗の植えつけ					▶	▶						
収穫										▶	▶	

※2作目の葉菜を栽培した後の3作目の野菜としても活用できる。

DATA

連作
2年やすむ

発芽適温
25 ～ 30℃

生育適温
20 ～ 30℃

土中にもぐるユニークな野菜

ラッカセイ（落花生）はマメ科に属し、別名ナンキン豆、英語ではピーナッツとしてよく知られています。**花が咲き終わると、めしべの先がひも状に下へ伸びて、土中にもぐることから落花生と呼ばれています。**ぜひ開花後の様子を観察してみてください。ラッカセイの葉もエダマメと同様に葉の就眠運動がみられます。エダマメでは葉がほぼ直角に垂れ下がるのに対して、ラッカセイでは手のひらを合わせるように、葉の表と表が重なり合って就眠します。

1 種まき・植えつけ

ラッカセイの発芽の様子。必ず横向きで種まき。縦向きだと、根が土の上に出てしまうことがある。種が2つに割れて開いた部分が子葉。

ラッカセイはポリポットへの種まきが簡単です。ポリポットに培養土を9分目程度入れ、指で1㎝ほどの深さに1個の種を横向きにして置き、その上に土をかぶせます。種を縦向きに置くと根が上に出てしまうことがあるので、必ず横向きにします。種まき後は寒冷紗などで覆い、鳥に食べられないようにします。5月中旬〜6月中旬に、生長した苗を1袋に1株、中央に植えます。これは、開花後に実になる部分を土中に入れる場所を確保するためです。

鳥に食べられないように、種まき後は寒冷紗などで覆う。

2 栽培管理

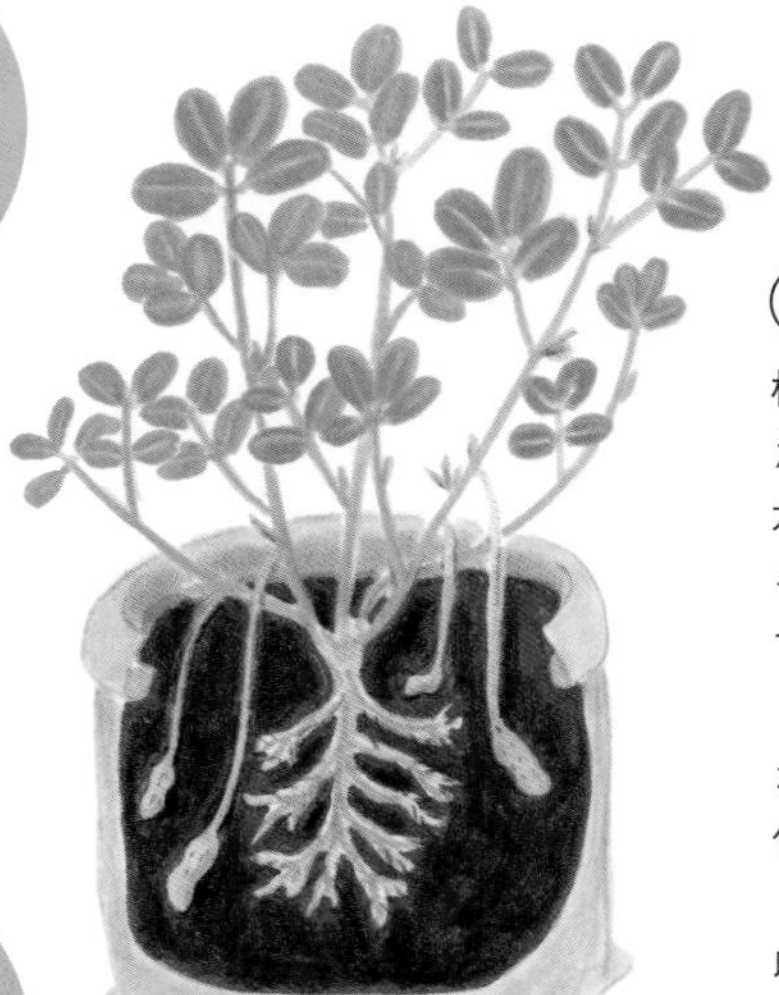

水やり

植えつけ後は、表面の土が乾いたらジョウロで水やりをします。水をやりすぎると土中の豆が腐ることがあるので注意が必要です。土は移植ごてでやわらかくしておき、開花後の花のつけ根から出てくるつる状の子房柄が伸びて土中に入りやすくします。

3 収穫

収穫適期は、地上部の葉が黄色くなってきた時です。株ごと掘り取り、土中に残るものと、株についているラッカセイを手でちぎって収穫します。

果菜

スイートコーン

適切な袋の容量 30リットル　**袋の適した置き方** 縦向き

月	1	2	3	4	5	6	7	8	9	10	11	12
種まき				■	■	■						
苗の植えつけ					■	■	■					
収穫							■	■	■			

DATA

連作
できる

発芽適温
25 ～ 30℃

生育適温
22 ～ 30℃

もぎたてのおいしさは格別

トウモロコシはイネ科に属し、完熟前に収穫する甘味種がスイートコーンとして生食用に栽培されています。スイートコーンは短期間に大きく生長し、光合成効率がよい作物です。そして、スイートコーンの花はウリ科の雄花、雌花とはまったく異なり、雄穂《ゆうすい》と雌穂《しすい》（実になる）が別々のところにでき、風媒で受粉します。また、別の品種の花粉が雌穂について受精すると、キセニア現象によって実の品質の低下がおこるので、同じ品種のみを栽培してください。

1 種まき・植えつけ

4月中旬からポリポットに種まきをします。種まきから収穫までは、早生種では80日程度、晩生種では100日程度です。ハトなどの鳥にまいた種を食べられることが多いので、種まき後は寒冷紗などで覆います。本葉が4～5枚展開した頃に、1袋に2本の苗を植えつけます。スイートコーンは他花受粉するので、10本以上育てないと受精しにくいといわれています。そのため、1袋に2本植えの袋を2袋以上並べて栽培することをおすすめします。

2 栽培管理

支柱を立てる

植えつけ後のスイートコーンの生長は早く、次々に葉を大きく展開していきます。主茎が葉を15枚前後展開して、先端に雄《ゆう》穂《すい》がみられる頃までには、支柱を立てます。地際の節からわき芽が伸びてきますが、これらは株の倒伏防止と収量増加につながるため、取らずにそのまま残します。

ヤングコーンの収穫

雌穂《しすい》が出現してきたら、1株につき一番上の雌穂1本だけ残し、鳥よけのネット袋をつけます。それ以外の雌穂は、絹糸が出た時に、主茎の葉を傷つけないように注意して取り、ヤングコーンとして利用します。

3 収穫

もぎたてのおいしさは、適期に収穫して早めに食べること。早生の品種であれば、絹糸（すべての粒につながる柱頭）が出てきて20日目頃が収穫適期です。絹糸の褐変と日数を確認して、実の先端部の皮（包葉）を少しはいで、先端部分の粒が黄色がかっていれば収穫適期。収穫後は急速に糖分が減少するので、早めに食べましょう。

果菜

オクラ

適切な袋の容量 30リットル　袋の適した置き方 縦向き

月	1	2	3	4	5	6	7	8	9	10	11	12
種まき				→	→							
苗の植えつけ					→	→						
収穫							→	→	→			

DATA

連作
できる

発芽適温
25 ～ 30℃

生育適温
昼間20 ～ 30℃、
夜間20 ～ 23℃

美しい黄色の花を咲かせる

オクラはアオイ科に属し、大きな淡い黄色のハイビスカスのような美しい花を咲かせます。**オクラとして食べているのは、花が咲いた後にできる若い実です。**独特の歯ごたえとネバネバが特徴です。オクラの花は朝早く開き、午後にはしぼんで、夕方には落ちてしまいます。花の後には小さな実ができていることに気づかされます。オクラの実は上向きについています。オクラにつく害虫はアブラムシやハマキムシなどで、見つけたらすぐに取り除きます。

1
種まき・植えつけ

オクラの種は大きくて扱いやすく、ポリポットへの種まきが簡単です。ただ、種がかたいので、急いで生長させたい場合は、一昼夜、種を水に浸けておくのがポイントです。水に浸すと、少し芽が出てくるので、その状態でまくと発芽が早くなります。苗は、本葉が3枚以上展開した頃、1袋に1本の苗をていねいに植えつけます。

右の写真は水に浸したオクラの種が少し芽を出している様子。オクラの種には病気予防のために、薬効成分を含んだ薄い膜で覆われた黄緑色の種もある。

2
栽培管理

支柱を立てる

植えつけ後、本葉が5～6枚展開する頃から急速に生長します。水やりは、株の生育に合わせて量をふやしていきます。6月になって背丈が大きく生長したら、支柱を立てて、茎を支柱に誘引します。種まき後50日くらいで、茎の葉のつけ根の葉腋につぼみがつき、花を咲かせ、その花が落ちると、小さなオクラの実が上に向かって出てきます。

3
収穫

オクラは、葉のつけ根の葉腋ごとに1個の花をつけ、それらが次々と開花していきます。開花後、毎日観察して、小さなオクラの実が7～8㎝になったら剪定ばさみで切り取って収穫します。収穫が遅れるとかたくなってしまうので、早めに収穫するように気をつけます。

バジル

適切な袋の容量　30リットル　袋の適した置き方　縦向き

月	1	2	3	4	5	6	7	8	9	10	11	12
種まき												
苗の植えつけ												
収穫												

DATA

発芽適温
23 ～ 28℃

生育適温
15 ～ 30℃

香りの強いシソ科のハーブ

バジルはシソ科に属するハーブの一つで、多くの品種があります。ここでは、料理や香辛料でよく利用されるスイートバジルについて紹介します。**バジルは茎、葉、花から強い香りが出て、病害虫から身を守っています。7月～9月に穂状の白い花を咲かせるのが特徴。**また、バジルは挿し芽で簡単にふやせます。摘心した茎や収穫した茎葉の切《せっ》片《ぷん》を、水を入れたコップにさしておくと、茎の切り口から根が出てきます。根が十分に出たら土に植えつけられます。

1 種まき・植えつけ

バジルはポリポットでの種まきが簡単です。ポリポットに培養土を9分目程度入れて準備します。バジルの種はゴマの形に似た小さな粒です。種を指でつまんで、重ならないようにポリポットの全体にバラバラとまきます。バジルの種は発芽する時に光を必要とするので、まいた土の上にかける覆土は、種がとばない程度にして、光が通るようにします。種まき後は、霧吹きまたはスプレーで水を与えます。土の表面が乾いたら水を与えるようにして、水切れがおきないように管理します。種をまいてから5～10日で発芽。子葉が開いた後、本葉が2～4枚の苗になったら、1つのポリポットに2～3本の形のよい苗が残るように間引きします。5月中旬～6月中旬に、草丈が10cm以上に生長した苗を、1袋に2つ植えつけます。

2 栽培管理

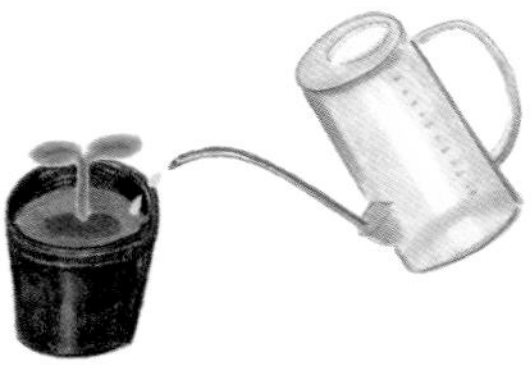

摘心・追肥

植えつけてしばらくしてから、苗の中心の茎の先端部を摘み取る摘心作業を行います。摘心をすると茎のわきから新しいわき芽が出てきて、葉も多くつきます。追肥は2週間に1回の間隔で与えます。

3 収穫

株の草丈が20～24cmになったら、茎の先端部を、葉を3～4枚つけて摘み取ります。または、根元から10cmくらい上で茎ごと切り取って収穫すると、さらに芽や葉がふえます。バジルは花芽が出てきたら、早めに摘み取るようにして、花を咲かさないように管理します。花が咲くと葉がかたくなるので気をつけます。

パセリ

適切な袋の容量　20リットル　袋の適した置き方　縦向き、横向き、仰向き

月	1	2	3	4	5	6	7	8	9	10	11	12
種まき			━	━								
苗の植えつけ				━	━	━						
収穫								━	━	━		

DATA

発芽適温
15 ～ 20℃

生育適温
15 ～ 20℃

世界で人気のセリ科のハーブ

パセリはセリ科に属し、世界で最もよく使われているハーブの一つです。日本ではパセリといえば、葉が細かくちぢれたカーリーパセリが一般的ですが、ヨーロッパでは平たい葉のイタリアンパセリが主流です。ここでは、カーリーパセリを春から袋栽培する方法について紹介します。

パセリは中心から新芽が出てくるので、中心の葉は残して、外側の葉から収穫。そうすると、また新芽が伸びて葉をたくさんつけるため、長い期間、収穫を楽しめます。

1 種まき・植えつけ

パセリはポリポットでの種まきが簡単です。ポリポットに培養土を9分目程度入れて準備します。パセリの種は小さな粒です。種を指でつまんで、重ならないようにポットの全体にバラバラとまきます。種をまいた後は、種の上に薄く土をかぶせます。土の表面が乾いたら霧吹きで水を与えます。芽が出るまでは10日以上。本葉が2～3枚の苗になったら元気な苗を残して、苗と苗の間隔を空け、1つのポットに2～3本の苗が残るように間引きします。4月中旬～6月中旬に、草丈が10㎝以上に生長した苗を20リットルの袋に、縦向きの場合は2本、横向きの場合は3本、仰向きでは6本植えつけます。

2 栽培管理

追肥・防寒

植えつけ後は、表面の土が乾いたらジョウロで水やりをします。2週間に1回くらいの間隔で追肥として液体肥料を与えます。収穫後、霜を受けない程度に防寒すれば越冬でき、地上部が枯れてしまっても翌春になれば再び芽が伸びてきます。そして、初夏になると花をつける茎が伸びて、かさを広げたような小さな花がたくさん咲きます。花をつける茎は早めに切り取らないと、葉が小さくかたくなり、株も弱るので気をつけます。

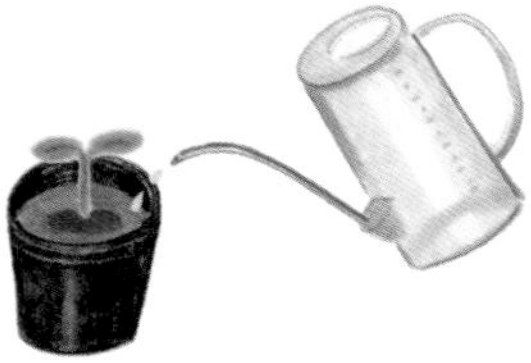

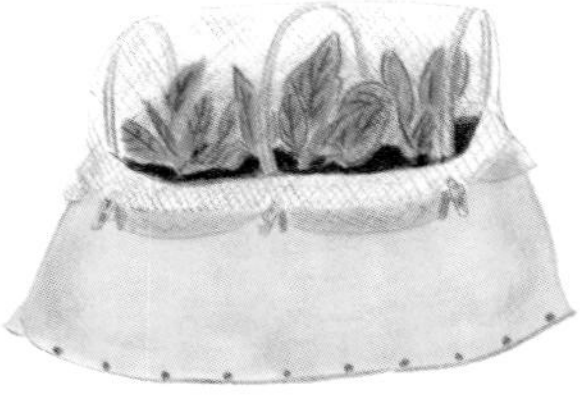

3 収穫

本葉が13～15枚にふえてきたら、収穫を始めます。やわらかく香りのよい葉を収穫するためには、1株に8～10枚の葉を残すことが大切です。

モロヘイヤ

適切な袋の容量　30リットル　袋の適した置き方　縦向き

DATA

発芽適温　25 ～ 28℃

生育適温　20 ～ 30℃

月	1	2	3	4	5	6	7	8	9	10	11	12
種まき				●	●	●						
苗の植えつけ					●	●	●					
収穫						●	●	●	●			

真夏に収穫できる栄養豊富な野菜

シナノキ科に属し、アラビア語で王様の野菜という意味をもつモロヘイヤ。葉を食べる野菜として日本では栽培されています。モロヘイヤの種には毒があり、牛が食べて死亡したことがあるので、決して口に入れないようにしてください。モロヘイヤは古くからある野菜ですが、日本で栽培されるようになったのは比較的最近です。**濃い緑色の葉の野菜が少ない夏に収穫でき、真夏の暑さや乾燥に強く、栄養も豊富な野菜として、各地で栽培されています。**

1 種まき・植えつけ

モロヘイヤはポリポットでの種まきが簡単です。ポリポットに指で1cmほどの深さに5つくらいの穴をあけ、その穴に1個ずつ種をまき、土をかぶせ、水やりを行います。子葉が開いてきたら、1回目の間引きを行い、まいた数の半分くらいになるようにします。本葉が3～4枚になったら2回目の間引きを行い、1つのポットに1本の元気な苗が残るようにします。5月中旬～7月中旬には、生長した苗を1袋に3株、間隔を空けて植えつけます。

2 栽培管理

水やり・追肥

植えつけ後は、表面の土が乾いたらジョウロで水やりをします。気温が高くなってくるとモロヘイヤはぐんぐんと生長するので、1週間に1回、水で薄めた液体肥料を与えるか、10日ごとに粒状の化成肥料を追肥します。モロヘイヤは乾燥に強く、水をやりすぎて土をいつも湿らせていると病気にかかりやすくなるので、表面の土が乾いたら水を与えるという原則を守りましょう。

3 収穫

収穫は葉の大きさが5cmくらいになった時から収穫を開始します。葉が3～5枚ついている枝ごと摘み取ります。摘み取られた株は摘心をされたようになるため、新しいわき芽、葉が育ちます。9月末頃まで、新鮮な葉を収穫できます。

シソ

適切な袋の容量　30リットル　袋の適した置き方　縦向き

月	1	2	3	4	5	6	7	8	9	10	11	12
種まき				■	■							
苗の植えつけ					■	■						
収穫						■	■	■	■	■		

DATA

連作
できる

発芽適温
20 ～ 25℃

生育適温
20 ～ 23℃

古くから親しまれてきたハーブ

シソ科に属するシソは、日本で古くから栽培されているハーブです。シソには独特のさわやかな香りがあり、多くの品種があります。食用に使われるのは、大葉と呼ばれる青ジソや梅干しなどに使われる赤ジソ。ここでは、青ジソの袋栽培での育て方について紹介します。**シソは間引きした苗や摘心した先端の茎切片を利用して挿し芽をすることができます。**水に浸かる葉は取って茎の基部の切り口を水に浸けておくと根が出てくるので、それから土に植えつけます。

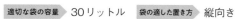

1 種まき・植えつけ

シソはポリポットでの種まきが簡単です。ポリポットに培養土を9分目程度入れ、指で1㎝ほどの深さにすじを2列つくります。そのすじに、種を指でつまんで、重ならないようにバラバラとまきます。種をまいてから、1週間～10日で発芽。本葉が出てきたら、1つのポリポットに2～3本の苗が残るように間引きします。5月中旬～6月中旬に苗が育ち、ポットの底の穴から苗の根がのぞいてきたら、1袋に2つの苗を、袋の中央に間隔を空けて植えつけます。

2 栽培管理

摘心

植えつけた株が、草丈30㎝くらいに生長したら、株の茎の先端の展開した葉の下のあたりを切って摘心します。摘心作業をすることでわき芽がふえて、茎が枝分かれして葉がたくさんついてきます。

3 収穫

シソは時期によって、収穫する部分が異なります。

① 葉ジソ（6月頃から）
シソの株の草丈が30㎝くらいに生長したら、若葉を摘み取って、葉ジソとして利用します。青ジソの葉は大葉と呼ばれます。

② 花穂ジソ（9月頃から）
青ジソは、白色の花を穂状に咲かせます。その花が咲ききらないうちに摘み取ったものが花穂ジソで、お刺身にそえます。

③ 穂ジソ（9月頃から）
花が咲き終わってから、すぐに摘み取ったものを穂ジソといいます。てんぷらやつくだ煮に利用されます。

④ 実ジソ（9月中旬頃から）
花が終わって、実が入った花穂から実をしごいて取り出したものが実ジソです。塩漬けやつくだ煮にして利用します。

葉菜

ツルムラサキ

適切な袋の容量　30リットル　袋の適した置き方　縦向き

月	1	2	3	4	5	6	7	8	9	10	11	12
種まき					▶							
苗の植えつけ					▶	▶						
収穫							▶	▶	▶	▶	▶	

DATA

発芽適温
25 ～ 30℃

生育適温
昼間25 ～ 30℃

青茎種は栄養豊富な夏野菜

ツルムラサキはツルムラサキ科に属し、茎の長さは2m以上に伸びます。赤茎種と青茎種があり、赤茎種は茎が紫紅色で、青茎種は茎が緑色です。青茎種、赤茎種とも緑のカーテンに使われます。**つるの先端から10～15cmで収穫すると独特の土臭さがあり、ビタミンやカルシウム、鉄分を多く含む夏の野菜として利用されます。**夏に生長して繁茂しますが、霜にあたると枯れます。秋に紫色の実をつけ、その実は染料としても利用され、種も採取できます。

1 種まき・植えつけ

ツルムラサキはポリポットでの種まきが簡単です。ポリポットの土に指で1cmほどの深さに5つくらいの穴をあけて、その穴に1個ずつ種をまいて、土をかぶせます。子葉が開いてきたら、1回目の間引きを行い、まいた種の半分くらいになるようにします。本葉が3～4枚になったら、2回目の間引きを行い、1つのポリポットに1本の元気な苗が残るようにします。5月中旬～6月中旬に、袋の中央に1株を植えつけます。

2 栽培管理

緑のカーテンをつくる

草丈が20～30cmに生長してきたら支柱を立てます。また、複数の袋を並べて、緑のカーテンのネットを張り、そのネットにつるを誘引。伸びてきたつるは、自然に支柱やネットにからませます。

摘心

支柱にからませた後、主茎に展開する葉を5～6枚残して、先端から10cmくらいのところで摘心。その下の節からわき芽を出させて、葉を繁らせます。追肥は主茎の先端を摘心した時に行います。ツルムラサキは株の勢いが強く吸肥量が多いので、肥料切れしないように、2週間に1回の間隔で追肥します。

3 収穫

茎の先端が支柱の上の端にまで育ってきたら、主茎の若いところを10～15cm摘み取って収穫。わき芽が育ってきたら、その先端から10～15cmのやわらかい部分を摘み取って収穫します。収穫期間は長く、7月上旬～11月までです。

根菜

ジャガイモ

適切な袋の容量　30リットル　袋の適した置き方　縦向き

月	1	2	3	4	5	6	7	8	9	10	11	12
植えつけ												
収穫												

DATA

連作
3年やすむ

生育適温
10 ~ 23℃

きれいな花が咲く野菜

ジャガイモはナス科の植物で、世界各国で多数の品種が栽培されています。日本では、「男爵」と「メークイン」の2つの品種がよくつくられてきました。ほかに、「キタアカリ」、「レッドアンデス」など多くの品種があります。**ジャガイモの地上部の茎は緑色ですが、地下の茎は白っぽく、地下の茎から枝分かれした茎の先端に養分がたまってジャガイモになります。**春作では5~6月にきれいな花が咲きます。ナス科のほかの野菜の花との比較も面白いです。

1 種いもの植えつけ

春作は、北海道産の種いもが1月頃には園芸店などで販売されます。種いもはしわのないしっかりとしたものを選んで植えつけます。

（※ジャガイモの植えつけの詳細はP45を参照）

2 栽培管理

芽かき

植えつけ後、種いもから3本以上の芽が出てきたら、2本の芽を残し、ほかの芽は株元をおさえながら、ゆっくりていねいに抜き取る「芽かき」を行います。芽は斜め上に引き抜くのがポイント。芽かきの時期は、芽が出てから20 ～ 30日、芽が5㎝程度になった頃に行います。

水やり

ジャガイモは光をきらい、地中でないと肥大しません。そこで、芽が伸びた頃に、株元に土を寄せて盛り上げる土寄せ作業を行います。その際に、株元から離れたところの全周にわたって追肥して、その後、土を入れて株元に寄せるようにします。水やりは土の表面をみて、乾燥していたら水を与えます。水が多すぎるとジャガイモが腐ってしまうことがあるので、やりすぎないように注意します。

3 収穫

植えつけてから3カ月くらい経って葉や茎が黄色くなり始めたら収穫時期です。晴天が2～3日続き、土が乾いてきた日を選んで収穫します。雨の日は腐る原因になるので避けます。収穫したジャガイモは風通しのよい日陰に並べ、1週間ほど乾燥させ、カゴなどに入れ風通しのよい暗い場所で保存します。

サツマイモ

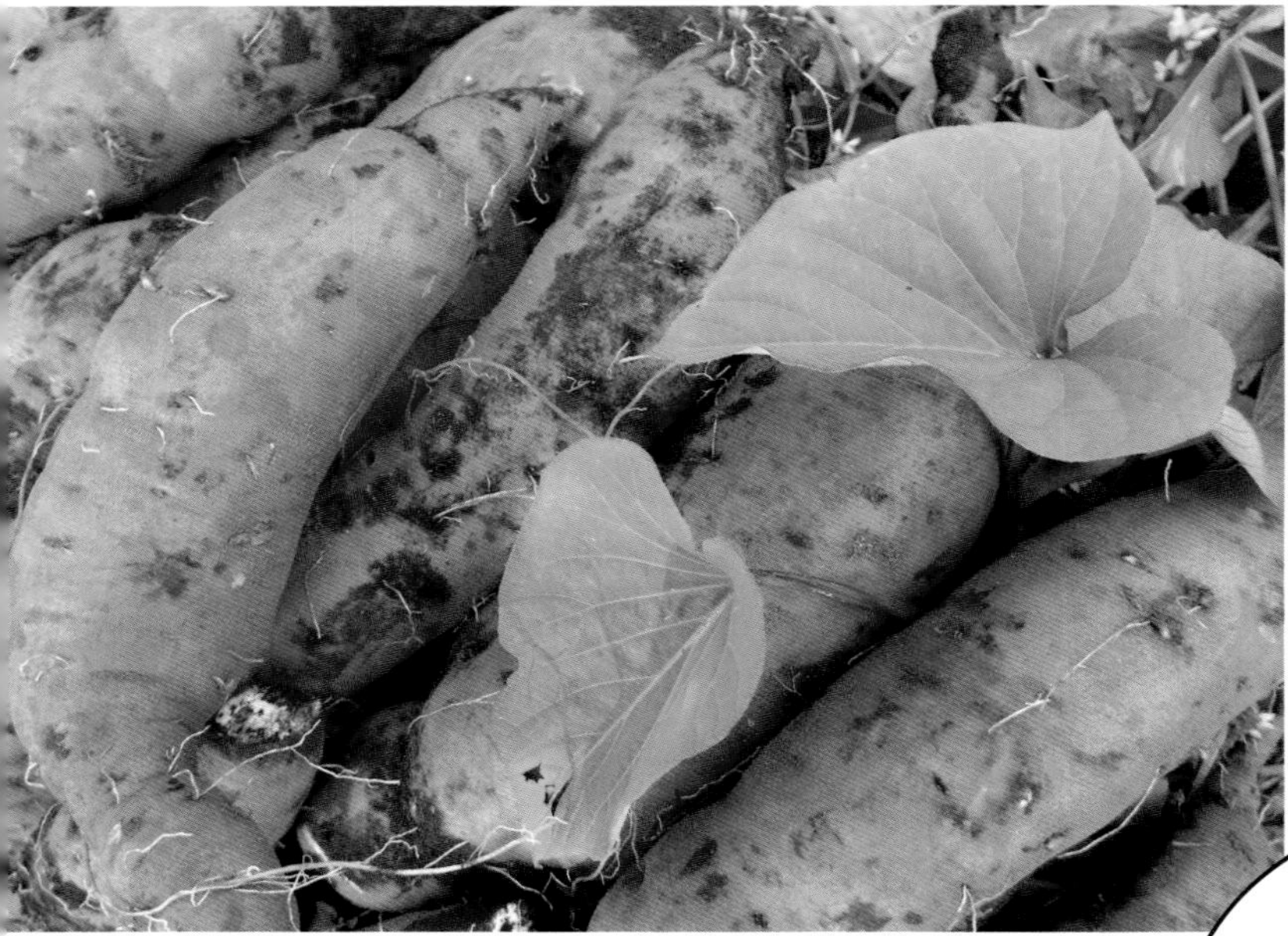

適切な袋の容量 30リットル　袋の適した置き方 縦向き

DATA

連作
できる

生育適温
22 ～ 26℃

月	1	2	3	4	5	6	7	8	9	10	11	12
植えつけ					■	■	■					
収穫										■		

※2作目の葉菜を栽培した後の3作目の野菜としても活用できる。

ハート形をした葉が特徴

サツマイモは、アサガオと同じヒルガオ科に属する植物で甘藷《かんしょ》とも呼ばれます。**茎（つる）を伸ばして生長し、根が太ってサツマイモになります。葉には長い葉柄《ようへい》があり、葉身《ようしん》は大きなハート形です。**ヒルガオやアサガオに似た花を咲かせます。皮の色、中身の色、甘みの程度に違いのある多くの品種があります。サツマイモのつるの先端付近の細い茎や、つるにつく葉の長い葉柄の部分は切り取って、すじを取るとフキのように食べられます。

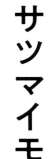

1 植えつけ

サツマイモの苗は、茎がしっかりとしていて太く、長さは30㎝くらいのものを選びます。特に葉は元気で枯れた葉が少ない、節と節の間はつまっているようなものがよい苗です。購入した苗は植えつけるまで、風の当たらない日陰に置いて、基部の切り口から水を吸わせ、風がある時には新聞紙などにくるんでおきます。

（※苗の植えつけに関してはP46を参照）

船底植え

斜め植え

2 栽培管理

追肥・水やり

肥料が多すぎると、つるや葉が繁りすぎてサツマイモのつきが悪くなります。この状態を「つるぼけ」といいます。逆に肥料が切れると、収穫時期を迎える前に葉が弱ってサツマイモの太りが悪くなるので気をつけます。草木灰があれば、葉を持ち上げて株元にひとつかみまき、軽く土と混ぜ合わせて追肥します。草木灰にはサツマイモを太らせる効果のあるカリやカルシウムが多く含まれています。水やりは梅雨が終わり、強い日差しと高温になったら毎日必要です。

3 収穫

10月を過ぎたら収穫時期です。株元から5～10㎝上のところでつるを剪定ばさみで切り、サツマイモを傷つけないように移植ごてで株のまわりを掘り起こし、土をやわらかくしてから根元を引き抜いてサツマイモを掘り上げます。掘り上げたサツマイモは、土の上で1時間ほど日に当て、表面を乾燥させると保存性が高まります。

ヤマイモ

適切な袋の容量 30リットル　袋の適した置き方 縦向き

月	1	2	3	4	5	6	7	8	9	10	11	12
植えつけ				■	■							
収穫											■	■

DATA

生育適温
17 ～ 25℃

緑のカーテンができる根菜

ヤマイモはヤマノイモ科のつる性植物で、ヤマイモ（山芋）、ジネンジョ（自然薯）、ダイジョ（大薯）の総称です。ヤマイモは中国から導入されて広く栽培され、ナガイモ、イチョウイモ、ツクネイモの3つの品種群に分類されます。ジネンジョは日本原産です。近年では栽培が増加。ここでは、総称のヤマイモの名称を使い、ジネンジョ、ナガイモ、イチョウイモ、ツクネイモ（イセイモ）を袋で栽培して緑のカーテンをつくる方法について紹介します。

1 種いもの植えつけ

ジネンジョは購入した種いもをそのままで、ナガイモでは切ったいも（切りいも）か子いもを準備します。イチョウイモでは切りいもを準備して、いもの首の部分を1個50～70gの大きさの切片に切ったものを種いもにします。ツクネイモはいもの首の部分に不定芽が多すぎるので、首部を除き、いもの残った部分を中心に1個50～60gに縦切りにした切片を種いもにします。どの種いもも30リットル入りの袋を縦に置き、その中央に表面の土から10～15㎝の深さのところまで溝をあけてから、芽の部分を上にして種いも1個を横に寝かして置き、土をかぶせて植えつけます。

2 栽培管理

支柱を立てる

ヤマイモは土壌の乾燥に弱いので、表面の土が乾いたら必ず水やりをします。つるが30㎝以上に育ってきたら、支柱を立てます。

緑のカーテンをつくる

苗の植えつけと同時か、つるが伸びないうちに、緑のカーテン設置場所へ、ネットを張った支柱を立てて固定します。生長したつるが、偏らずにネット全体を覆うように、つるを誘引します。

3 収穫

ジネンジョは生育旺盛で葉が大きく、伸びてくるつるを誘引していくだけで、大きく繁り、立派な緑のカーテンができあがります。緑のカーテンは、12月までは長く緑を美しく保ちます。ナガイモ、イチョウイモ、ツクネイモでは、11月頃からつるや葉が黄色くなり、枯れ始めてきた頃が収穫適期です。ジネンジョは12月になってから掘り出して収穫します。

サトイモ

適切な袋の容量　30リットル　　袋の適した置き方　縦向き

月	1	2	3	4	5	6	7	8	9	10	11	12
芽出し			■	■								
植えつけ				■	■							
収穫										■	■	

DATA

連作
3年やすむ

生育適温
25 ～ 30℃

大きな葉をつけて育つ

サトイモはサトイモ科の野菜です。山で育つヤマイモに対して、人の住む里で育つのでサトイモと呼ばれています。**種いもの頂芽《ちょうが》（茎の先端にある芽）が生長すると、葉柄の基部の短縮した茎が肥大して親いもとなり、親いものまわりの側芽が生長すると、その基部が肥大して子いもになります。**子いものまわりに孫いもがつきます。葉は1m以上にもなる葉柄と数十cmの縦長の大きなハート形の葉身からなります。葉柄をズイキとして食べる品種もあります。

1 植えつけ

準備と芽出し

種いもは市販のものを入手して準備します。その際、50gくらいの重さで、ふっくらとして、芽が無傷なものを選びます。植えつけの1カ月前には、芽を少し伸ばしておく「芽出し」作業をします。プランターなどに腐葉土を9分目まで入れ、その腐葉土に種いもを芽の出る方を上にして埋め込みます。埋め込み後たっぷりと水やりをして、この後は芽が出てくるまでは水を与えないようにして、日当たりのよい場所で管理します。夜はビニールで覆うなどの保温をします。1カ月くらいで芽が出てきます。

種いもの植えつけ

芽が出たら、頂芽がしっかり出ているものを選んで5月下旬までに植えつけします。袋を縦向きに置き、中央に15～20㎝の深さで穴をあけ、芽が横向きになるようして1個置き、土をかぶせます。

2 栽培管理

追肥

サトイモは高温多湿を好むので、表面の土が乾いてきたら、たっぷりと水を与えます。植えつけ後、頂芽が力強く伸びて生長しますが、6月下旬までに出てくる小さな芽はすべて取ります。5月下旬頃、本葉が2～3枚になったら株元に土寄せをします。6月下旬頃、本葉が5～6枚になったら、株元から少し離れたところの全周にわたって追肥します。7月になってから出てくる芽は子いもを育てる芽なので取らずに育てます。7月中旬過ぎに3回目の追肥と土入れ、土寄せを行います。

3 収穫

10月頃になったら、霜が降りる前に、晴れの日を選んで収穫します。葉柄を株元から切り、いもを傷つけないように、移植ごてで株を掘り起こし、子いもを1つずつ親いもからはずして陰干しします。収穫したサトイモは洗うとカビが生えやすいので、土がついたまま新聞紙などに包み、風通しのよい日陰で保存します。

ショウガ

適切な袋の容量 30リットル　袋の適した置き方 縦向き

月	1	2	3	4	5	6	7	8	9	10	11	12
植えつけ				━	━							
収穫									━	━	━	

DATA

連作
2年やすむ

生育適温
25 ~ 30℃

茎が肥大してできるショウガ

ショウガはショウガ科の植物で、葉はササの葉のように平たくて細長く、先がとがり、基部はやや広い形をしています。ショウガの部分には特有の芳香と辛みがあります。**種ショウガから伸びてきた茎の基部が肥大して、1次ショウガ（塊茎《かいけい》）となります。**1次ショウガのまわりに2番目の2次ショウガ（塊茎）が分枝《ぶんし》し、さらに分枝を繰り返して、収穫時には5次ショウガ（塊茎）までの根ショウガ（塊茎）が形成されます。

1 植えつけ

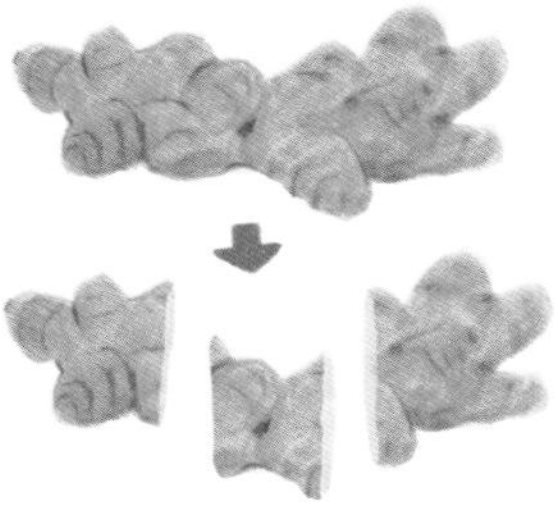

種ショウガは芽が5個程度ついて充実したものを選びます。大きな種ショウガであれば、50～60gの大きさになるように手で分割して、2～3日日に当て、分割部分を乾かします。準備のできた種ショウガは、30リットル入りの袋を縦向きに置き、中央に15～20㎝の深さの穴をあけ、種ショウガの芽が上になるようして1個置き、土をかぶせて、水やりをします。

2 栽培管理

水やり

ショウガは高温多湿を好むので、表面の土が乾いてきたら水を与えます。ただし、水分が過剰だと腐ってしまうことがあるので、表面の土が乾いてきた時だけ、たっぷりと水やりをします。1カ月程度で発芽し、ショウガの葉が繁ってきたら、株元に追肥して土を入れて土寄せします。置き場所はやや日陰の方がよく育ちます。真夏には袋を涼しい木陰に移動して育てます。

3 収穫

夏の後半から生育途中のショウガを地下部のショウガの部分から切り取って、葉ショウガとして利用できます。根ショウガは、11月の晴天の日に掘り上げて収穫します。掘り上げた株の茎をできるだけ短く切り、種ショウガとともに、根ショウガをすべて掘り取ります。収穫した根ショウガは冷暗所に貯蔵します。

イチゴ

適切な袋の容量　20 ～ 30リットル　袋の適した置き方　縦向き、横向き、仰向き

DATA

連作
2年やすむ

生育適温
18 ～ 23℃

月	1	2	3	4	5	6	7	8	9	10	11	12
植えつけ										━		
収穫				━	━							

※果菜類を栽培した後の2作目の野菜として活用できる。

手間がかからない人気の野菜

イチゴはバラ科に属する植物で、イチゴの実には、形、赤い色、甘酸っぱさ、種の歯ざわりなど独特の風味が感じられます。**苗から植えつければ、手間がかからずに収穫できます。**収穫後6月下旬から7月にかけて、ランナー（茎）が出てきて、小さな植物体（子株）ができ、そのランナーから次々に植物体ができるという、ふえ方の面白さを身近に観察できます。また、イチゴはハトなどの鳥が実をつつきにくるので注意が必要です。

1 イチゴ苗の準備

イチゴ苗の準備

自分で苗を準備する場合、実の収穫が終わって、株元から長く伸び始めたランナーの先にできる小さな植物体（子株）を利用して、苗をつくります。ランナーの先の植物体の下に、培養土を入れた小さなポリポットを置いて、植物体（子株）をポリポットの中央に針金などで固定し、たっぷりと水やりをして発根を促します。発根を確認したら、親株側ランナーは約5cm残して切り、親株に遠い方は苗にランナーを残さずに切り離して、そのままポリポットで育苗します。（※イチゴの苗の植えつけはP47を参照）

2 栽培管理

摘み取り・追肥

植えつけられたイチゴの苗は、新根を伸ばしながら新しい葉を順に展開します。生長の途中で下の方の葉が枯れてきた場合、枯れた葉は早めに摘み取って捨てます。秋も深まると休眠に入ります。冬の期間は休眠状態で生育が停止していますが、根は浅根性で乾燥に弱いので、冬季でも土壌水分を適度に保つように管理します。11月下旬と2月下旬頃には、15g程度の有機配合肥料を追肥として与えます。

3 収穫

イチゴは花が咲いた後、実が垂れ下がってきます。プラスチックフィルムなどを土の上に敷くか、実を袋の外に出して土がつかないようにします。4月下旬頃から収穫できるので、実がよく熟した順に収穫します。収穫後はポットを置いて、ランナーの先の植物体を養成して、10月に植えつける苗にします。

キャベツ

適切な袋の容量　30リットル　袋の適した置き方　縦向き

月	1	2	3	4	5	6	7	8	9	10	11	12
種まき							■	■				
苗の植えつけ									■			
収穫											■	■

※果菜類を栽培した後の２作目の野菜として活用できる。

DATA

連作
1年やすむ

発芽適温
20 ~ 25℃

生育適温
25 ~ 30℃

球の形に変化する様子が楽しい

キャベツはアブラナ科に属する野菜で、種をまく時期や形の違いなどにより、多くの品種があります。キャベツの茎は短く、葉にはかたくて食べにくい外葉と、生長するにつれて内側に巻いて球状のキャベツをつくる結球葉とがあります。キャベツを身近で栽培して、葉が球の形に巻いていく様子は毎日観察していると、とても楽しいです。また、収穫するまでは、アオムシ、アブラムシ、コナガなどの害虫に気をつけて、発見したらすぐに取り除きます。

1 種まき・植えつけ

秋から栽培を始めるキャベツは、7～8月に種まきします。暑い季節ですが、ポリポットに種まきして苗をつくることも可能です。種まきは、培養土を9分目程度入れたポリポットに、指で1cmほどの深さに2～3つの穴をあけ、その穴に1個ずつ種を置き、土をかぶせます。本葉が1～2枚になったら間引きを行い、1つのポリポットに1本の苗が残るようにします。苗を育てている間は、害虫の被害を防ぐために虫除けネットをかぶせておきます。種まき後1カ月くらいで、苗の本葉が4～5枚になったら、準備した袋に1株植えつけます。種まきの時期が過ぎてしまったら、8月下旬頃から販売される苗を入手して栽培を始めるのがおすすめです。

2 栽培管理

育苗中は、ネットをかぶせて、害虫を寄せ付けないことが大切。

水やり・追肥

植えつけ後は、午前中と夕方に土が乾いていたら水を与えます。植えつけ後、1カ月頃までに、有機配合肥料などを1袋あたり約30g、追肥します。はじめに出る外葉は葉柄《ようへい》（葉と茎を接続する部分）が長く、葉身《ようしん》は縦長ですが、外葉がある程度展開してくると、中心の葉が立ち上がってきます。この頃に2回目の追肥をします。立ち上がった葉は、葉身が広くなり葉柄が短い丸形となって結球を始めます。

3 収穫

結球部が肥大して葉が巻いていく様子を毎日観察し、結球部分を手で押さえて、へこんだりせずにかたくしまった球であると感じるようになったら、株元をナイフか剪定ばさみで切って収穫します。

ブロッコリー

DATA

連作
3年やすむ

発芽適温
20 ～ 30℃

生育適温
15 ～ 20℃

適切な袋の容量　30リットル　袋の適した置き方　縦向き

月	1	2	3	4	5	6	7	8	9	10	11	12
種まき							■	■				
苗の植えつけ									■（下旬）			
収穫	■	■	■								■	■

※果菜類を栽培した後の２作目の野菜として活用できる。

収穫して食べるのは花の蕾

ブロッコリーはアブラナ科に属し、緑ハナヤサイとも呼ばれ、花の蕾を収穫して利用します。茎の頂端《ちょうたん》に出てくる花蕾《からい》を頂花蕾《ちょうからい》といい、頂花蕾の収穫後、わきから出てくる花蕾を側枝花蕾といいます。品種によって頂花蕾だけしかとれないもの、頂花蕾と側枝花蕾がとれるものに分かれます。ブロッコリーはある大きさに生長した株が低温（早生、中生の品種では20℃程度）に感応して花蕾を形成する緑植物春化型（キャベツやタマネギも同様）の植物です。

1 種まき・植えつけ

ブロッコリーの苗は、8月下旬頃から販売されます。この苗を入手して栽培を開始することをおすすめします。植えつけの時期は、害虫の活動が盛んな真夏の暑い季節を避けて、9月中旬～下旬に苗を植えつける方が害虫の被害が少ないです。苗は、土を平らにならして穴を1つ掘り、1株を植えつけ、水やりをします。自分で種まきする場合は、キャベツと同様の方法で行います。

2 栽培管理

水やり

植えつけ後は、土の乾く状況を観察して、表面の土が乾いていたら、朝だけでなく夕方も水やりをします。株を大きくつくることが、大きな花蕾を収穫するポイントです。ブロッコリーは肥料を多く吸収するので、植えつけ後1カ月頃に、追肥として有機配合肥料などを1袋あたり約30g与え、肥料切れをおこさないように管理します。害虫を発見したら、すぐに取り除きます。

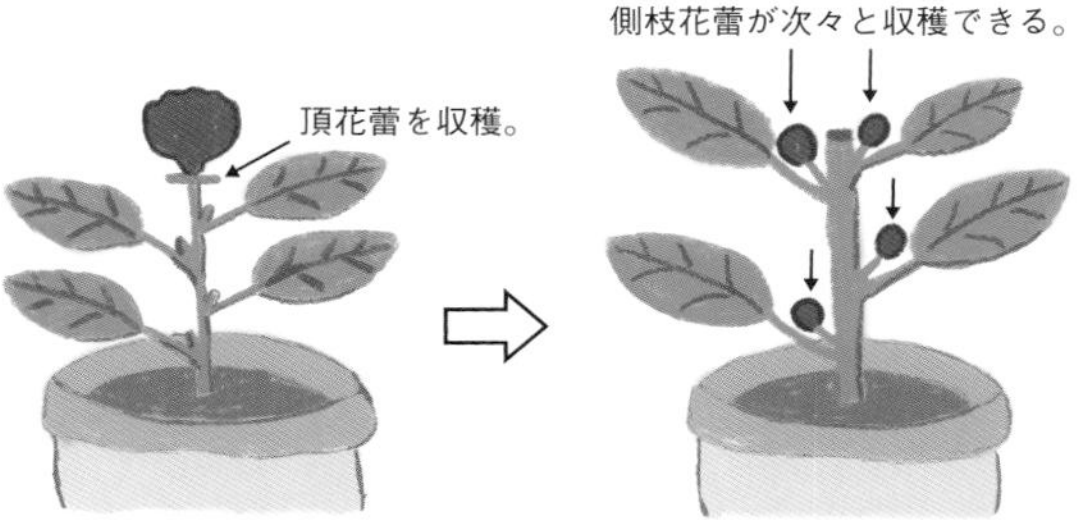

側枝花蕾ができる品種がおすすめ。

3 収穫

よく生長した株では、茎の先端に花蕾が形成され発育します。花蕾が大きく肥大して、かたくしまった状態になったら収穫適期です。花蕾のつけ根付近をナイフか剪定ばさみなどで切り取って収穫します。この大きな頂花蕾を収穫した後、その下の各葉の節の部分から側枝花蕾が出てくる品種の場合には、頂花蕾を収穫した後、追肥として有機配合肥料などを1袋あたり約30g与えると、次々に側枝花蕾が育ち収穫できます。

カリフラワー

DATA

連作
3年やすむ

発芽適温
15 ～ 30℃

生育適温
15 ～ 20℃

適切な袋の容量 30リットル　**袋の適した置き方** 縦向き

月	1	2	3	4	5	6	7	8	9	10	11	12
種まき							■	■				
苗の植えつけ									■			
収穫											■	■

※果菜類を栽培した後の2作目の野菜として活用できる。

さまざまな色がある アブラナ科の野菜

カリフラワーはアブラナ科に属する野菜でハナヤサイとも呼ばれます。**利用する部位は茎の頂端に出てくる頂花蕾《ちょうからい》で、カリフラワーはこの頂花蕾だけしか収穫できません。**カリフラワーでは花蕾が白色でない品種も育成されていて、オレンジ色や黄緑色、紫色の品種もあります。紫色の品種は茹でるとブロッコリーのように緑色に変わります。カリフラワーは、ある大きさに生長した株が低温に感応して花蕾を形成する緑植物春化型の植物です。

1 種まき・植えつけ

秋から栽培を始めるカリフラワーは、8月下旬頃から苗が販売されます。この苗を入手して栽培を開始することをおすすめします。植えつけの時期は、害虫の活動が盛んな真夏の暑い季節を避けて、9月中旬～下旬頃。苗を1袋に1株、深植えにならないように植えつけます。植えつけ後には、水やりをします。自分で種まきする場合は、キャベツと同様の方法で行います。

2 栽培管理

追肥

ブロッコリーと同様、株を大きくつくることが、大きいカリフラワーの花蕾を収穫するポイントです。カリフラワーも多肥を好む野菜で、定植後1カ月頃に、追肥として、有機配合肥料などを1袋あたり約30g与え、肥料切れをおこさないように管理します。水管理の方法と追肥の方法はブロッコリーの場合と同様です。

3 収穫

ブロッコリーと同様に、よく生長した株の茎頂部で花蕾が分化して発達します。花蕾が大きく育ち、花蕾の周縁部の凸凹が少なくなり、かたくしまった状態になったら収穫適期です。花蕾のつけ根付近をナイフか剪定ばさみなどで切り取って収穫します。カリフラワーではこの頂花蕾だけしか収穫できません。アブラムシ、アオムシなど害虫には特に注意して、見つけたらその場ですぐに取り除きます。

ハクサイ

適切な袋の容量　30リットル　袋の適した置き方　縦向き

月	1	2	3	4	5	6	7	8	9	10	11	12
種まき								■				
苗の植えつけ									■（後半）			
収穫											■	■

※果菜類を栽培した後の２作目の野菜として活用できる。

DATA

連作
3年やすむ

発芽適温
18 ～ 22℃

生育適温
13 ～ 20℃

葉の形の変化が面白い

ハクサイはアブラナ科に属する野菜で、結球の形はほとんどの品種が短円筒形です。**ハクサイの葉は、変化が面白い野菜です。はじめは縦長ですが、結球を始める頃から、葉柄《ようへい》が幅広くなって丸形の葉となってきます。**外葉は結球を肥大充実させる重要な役割を果たすので、外葉を十分に育てることが必要で、培養土を乾燥させないようによく観察して、表土が乾いたらたっぷり水やりをすることが大切です。また、害虫にも気をつけます。

1 種まき・植えつけ

秋から栽培を始めるハクサイは8月下旬頃から苗が販売されます。この苗を入手して栽培を開始することをおすすめします。この苗を9月中旬～下旬に植えつけると、害虫の被害を少なく栽培できます。苗は袋内の表面の土を平らにならした後、1株を深植えにならないように植えつけます。植えつけ後は、表面の土が乾いたら水やりをします。ポリポットで種まきして苗をつくることも可能です。キャベツと同様に種まき、育苗して苗を準備します。

2 栽培管理

害虫対策

アオムシ、ヨトウムシの被害が多いので、見つけたらその場ですぐに取り除きます。ヨトウムシは、昼間は土の中に隠れているので、夜か早朝に見回って取り除くことが大切です。

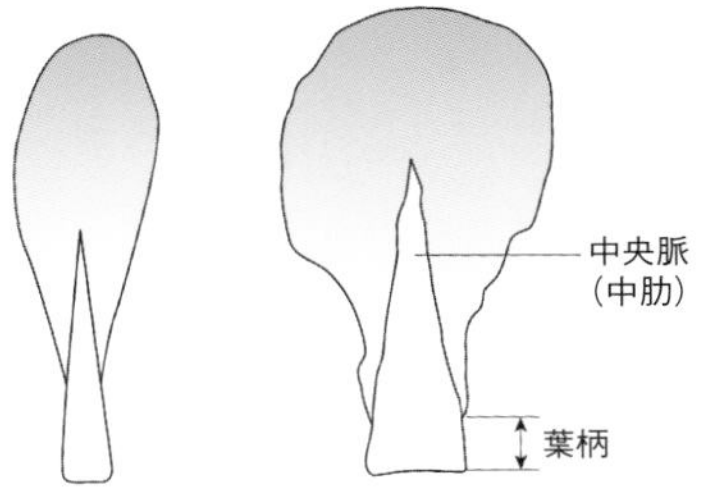

ハクサイの外葉（左）と結球葉（右）。

追肥

植えつけ後1カ月頃に、追肥として有機配合肥料などを1袋あたり約30g与えて生育を促し、肥料切れをおこさないようにします。

3 収穫

ハクサイの結球には昼夜の温度差が必要で、その差が大きいほどよく結球します。結球に必要な最低温度は4～5℃です。結球を始める頃から、葉柄が幅広くなった丸形の葉が次々に形成されていきます。大きく結球し、しっかり充実したものから、株元をナイフなどで切り取って収穫します。

葉菜

ミブナ

DATA

連作
1年やすむ

発芽適温
20 ～ 30℃

生育適温
16 ～ 25℃

適切な袋の容量　30リットル　袋の適した置き方　縦向き

月	1	2	3	4	5	6	7	8	9	10	11	12
種まき								■				
苗の植えつけ									■（後半）			
収穫											■	■

※果菜類を栽培した後の２作目の野菜として活用できる。

栽培が簡単な京野菜

ミブナ（壬生菜）はアブラナ科に属し、ミズナと同じ仲間で、キョウナ（京菜）と呼ばれることもあります。地際から株が伸びる様子はミズナとそっくりですが、ミズナと違いミブナは葉にギザギザがなく、細長く葉先は丸い形をしています。**京都ではよく栽培される代表的な京野菜の一つです。小株から大株までお好みの大きさで収穫できます。**種から育てる場合は、種をまいたポリポットに虫除けネットをかぶせて、害虫の被害を防ぐことが大切です。

1 種まき・植えつけ

秋から栽培を始めるミブナは、7～8月に種まきされ、8月下旬頃から苗が販売されます。この苗を入手して栽培を開始することをおすすめします。植えつけの時期は、害虫の活動が盛んな真夏の暑い季節を避けて、9月中旬頃に1袋に2本の苗を植えつけます。植えつけ後にはたっぷりと水やりをします。自分で種まきする方法は、キャベツと同様です。

2 栽培管理

水やり・追肥

植えつけ後は、表面の土が乾いていたら水やりをし、袋へ植えつけ後1カ月頃に、追肥として、有機配合肥料などを1袋あたり約30g与え、肥料切れをおこさないように管理します。株が大きくなるにつれて水やりの量もふやします。コナガやアブラムシなどの害虫を発見したらすぐに取り除きます。

3 収穫

ミブナは、害虫の防除に注意さえしておけば、順調に立派な収穫が得られる、育てやすい野菜の一つです。植えつけ後、追肥を与えることによって、ぐんぐん生長していきます。収穫時の大きさには幅がありますが、株元からの葉の長さが30㎝程度になれば、株元から切り取って収穫します。1袋に2株を植えていたら、少し小さな株の段階で1株を間引くと、残した1株を大きく育てて収穫することができます。

チンゲンサイ

DATA

連作
1年やすむ

発芽適温
20 ～ 25℃

生育適温
15 ～ 20℃

適切な袋の容量　30リットル　袋の適した置き方　縦向き

月	1	2	3	4	5	6	7	8	9	10	11	12
種まき									■	■		
苗の植えつけ										■		
収穫											■	■

※果菜類を栽培した後の2作目の野菜として活用できる。

育てやすい中国野菜

チンゲンサイ（青梗菜）はアブラナ科に属し、昭和40年代に導入されて普及し、最も広く栽培されている中国野菜です。昭和58年に農林水産省食品流通局によってチンゲンサイとして名称が定められました。**チンゲンサイは野菜の中でも特に栽培しやすく、袋栽培にも向いています。**ここでは、秋からの袋栽培の方法について紹介します。自分でポリポットに種まきして苗をつくることも可能で、育苗中はこまめに観察し、害虫に注意します。

1 種まき・植えつけ

秋から栽培を始めるチンゲンサイは、9～10月に種まきされ、9月下旬頃から苗が販売されます。この苗を入手して栽培を開始することをおすすめします。袋を縦に立てて置き、1袋に4株の苗を植えつけます。植えつけ後にはたっぷりと水やりをします。自分で種まきをする場合は、ポリポットに培養土を9分目程度入れ、指で1㎝ほどの深さに3つくらいの小さな穴をあけ、その穴に1個ずつ種を置き、土をかぶせます。種まき後は、慎重に水やりをして、育苗します。種をまいてから5日くらいで発芽。本葉が1～2枚に生長したら、間引きを行い、1つのポリポットに1本の元気な苗を残します。種まき後1カ月くらいで、本葉が3～4枚になったら袋に植えつけます。

2 栽培管理

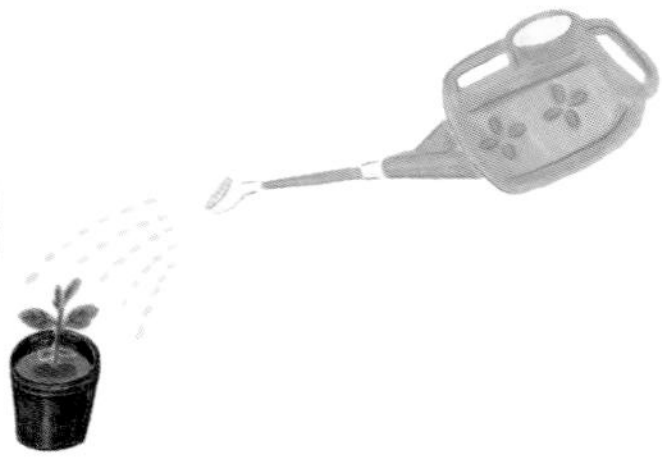

追肥

表面の土が乾いていたら水やりをし、アオムシ、アブラムシ、コナガなどの害虫を発見したらすぐに取り除きます。本葉が4～5枚の頃に追肥を与えます。追肥としては、粒状の有機配合肥料などを1袋に約30g与え、移植ごてで表面の土を混ぜておきます。株元がぐらつくようになったら土寄せします。

3 収穫

条件によって異なりますが、11月頃から12月にかけて、株の草丈が15㎝くらいになって、よく葉が育ったものから順に収穫します。

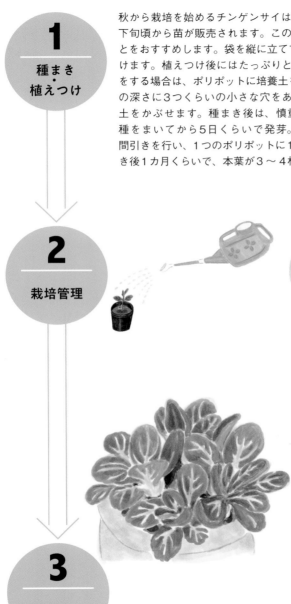

ネギ

適切な袋の容量　30リットル　袋の適した置き方　縦向き

DATA

連作
できる

発芽適温
15 ~ 25℃

生育適温
15 ~ 20℃

月	1	2	3	4	5	6	7	8	9	10	11	12
植えつけ									▶			
収穫										■	■	▶

果菜類を栽培した後の2作目の野菜として活用できます。

関西で一般的な葉ネギが育てやすい

ネギはタマネギと同じユリ科に属する野菜です。**ネギには土寄せによって葉しょう部を白く長く育てて利用する「根深ネギ」と、主に緑の葉の葉身部を利用する「葉ネギ」があります。**ここでは、関西以西で一般的な葉ネギの九条ネギを用いた袋栽培について紹介します。使用する苗は「干しネギ苗」。これは、九条ネギの種をまいて育苗した後、掘り上げて、夏の太陽光下で20日間程度干して乾燥させたもの。干すことで苗の発根・分けつが促進されています。

1 種まき・植えつけ

九条ネギの干しネギ苗は園芸店やホームセンター、JAなどで8月中旬以降に販売されます。これらの苗を入手して栽培を開始することをおすすめします。袋への植えつけの時期は、害虫の活動が盛んな真夏の暑い季節を避けて、9月中旬～下旬が適しています。

苗の植えつけ

植えつける前に、準備した干しネギ苗は、根の生えている基部の端から15cmくらい上のところで切っておき、1袋に2～3本の干しネギ苗を束にして、2カ所に植えつけます。植えつけ後はたっぷりと水やりをします。

干しネギを干している様子。

2 栽培管理

水やり

ネギの苗を植えつけ後、表面の土が乾いたら、水やりをします。

3 収穫

植えつけ後、1カ月くらい経過すると簡単に葉ネギを収穫できます。根元をはさみで切って収穫すると、またその根元から分けつするように、新しい葉ネギが出てきます。

干しネギ栽培の簡便法【自分で苗をつくって植えつける】

5月上旬～中旬に種まきして育苗し、その苗を9月上旬に掘り上げ、植える前1日ほど軽く干すか、干さずに、苗の根をつけたまま基部から15cmくらいに切って、3本ずつ植えつける簡便法があります。袋栽培で行う場合、20リットルくらいの袋を横向きか仰向きに置き、袋の表面の土を平らにならした後、指で1cmほどの深さで5～7cmの間隔ですじを入れ、そのすじに種を親指と人指し指ですりながら、かたまらないように種をまきます。種まき後はすじの上に土をかぶせ、慎重に水やりします。育苗した苗は9月に上記のようにして、別の新しい30リットルの袋に植えつけます。その後は10月下旬～12月くらいまで収穫できます。

タマネギ

DATA

連作
できる

発芽適温
15 ～ 25℃

生育適温
20 ～ 25℃

適切な袋の容量　30リットル　袋の適した置き方　縦向き

月	1	2	3	4	5	6	7	8	9	10	11	12
種まき									■			
苗の植えつけ											■	
収穫						■						

※果菜類を栽培した後の2作目の野菜として活用できる。

苗の大きさと植えつけ時期が重要

タマネギは、ユリ科に属する野菜で、辛みのある辛タマネギと辛みのない甘タマネギがあります。タマネギの球は、葉の基部に養分がたまって肥大したものです。タマネギの球を縦に切ってみると、食べる部位である肥厚した葉がりん片のように重なっています。**タマネギの栽培では、選ぶ苗の大きさも重要ですが、植えつける時期も大切です。**小さな苗でも早く植えて肥料を多く与えて栽培すると、冬までに大きく生長して、とうが立ってしまいます。

1 種まき・植えつけ

苗の準備

タマネギの苗は9月に種まきしてつくられたものが、11月になると販売されます。この苗を入手して栽培することをおすすめします。

苗の植えつけ

11月中旬に準備したタマネギの苗を、袋内の表面の培養土を平らにならした後、1袋に4 ～5本植えつけます。根は全部土の中に入れ、深植えにならないように注意して植えつけます。タマネギは植えつけ時の苗の大きさが重要。中生の品種では、本葉4～5枚、苗の重さは5gくらいが適当です。小さな苗なら1袋に多くの苗を植えつけます。

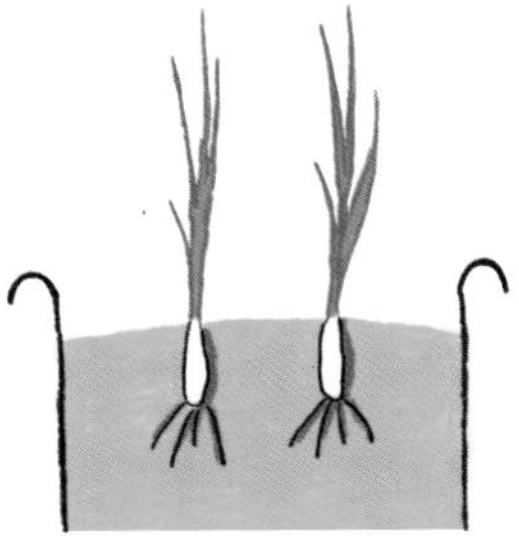

タマネギの植えつけ。深植えにならないように気をつける。

大きな苗は、「ネギ坊主」ができてしまうことがあるので、気をつける。

2 栽培管理

水やり

乾燥をきらうので、冬でも表土が乾いたら水やりをします。越冬中ゆるやかに生長していた葉は、春の高温・長日条件になると生長が盛んになり、葉の基部のタマネギの球が肥大します。追肥は1月中旬と3月上旬に与えます。

3 収穫

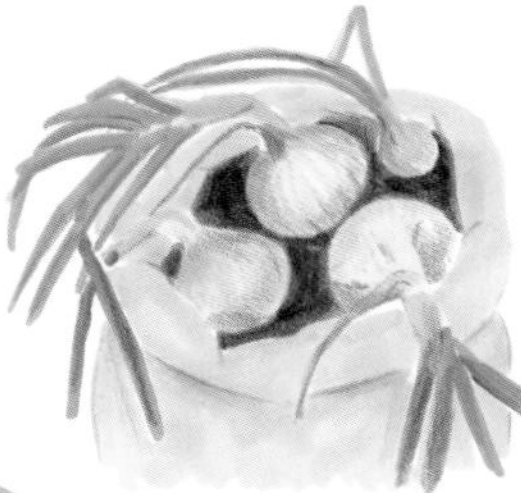

タマネギの葉が倒れるのは、タマネギの球が成熟したしるしで、収穫の目安です。6月になり葉がすべて展開しきって、葉が倒伏してきたら、晴れの日の午前中を選んで収穫します。そして、その日の午後に土を落として、葉をひもで束ねて、風通しのよい日陰の屋根の下などにつるします。つるす場所がない場合は、タマネギの葉を球の上2～3㎝で剪定ばさみを使って切り取り、風通しのよい日陰で保存します。

コマツナ

適切な袋の容量　20 ～ 30リットル　　袋の適した置き方　縦向き、横向き、仰向き

DATA

連作
できる

発芽適温
15 ～ 35℃

生育適温
20 ～ 25℃

月	1	2	3	4	5	6	7	8	9	10	11	12
袋に種まき		春まき	→	→				秋まき	→	→		
収穫			春まき	→	→				秋まき	→	→	→

※果菜類を栽培した後の2作目の野菜として活用できる。

一番簡単で
つくりやすい野菜

コマツナはキャベツやハクサイと同じアブラナ科の野菜です。コマツナ（小松菜）はツケナの一種で、江戸の地名に由来してつけられた名前です。**生育期間が短く、半日陰でも生長するので、最もつくりやすい野菜です。**また、コマツナは春まき、秋まきがあり、長く楽しめます。秋まきして収穫しないでおくと春に花が咲きます。花の色やつき方を観察してみるのも面白いです。ぜひ近所の畑で同じような花が咲いているか、探してみてください。

1 種まき・植えつけ

コマツナは袋に直接種まきをして栽培できる野菜です。袋の培養土を平らにならした後、指で1㎝ほどの深さで2～3本のすじを入れ、そのすじに種を親指と人指し指ですりながら、かたまらないように種をまき、土をかけて、水やりをして育苗します。

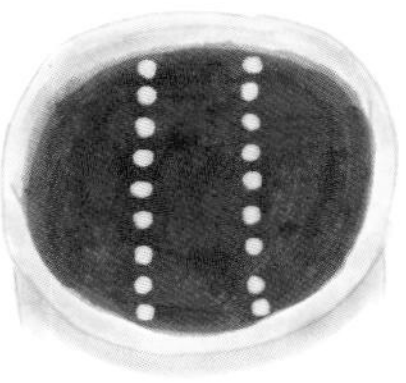

2 栽培管理

間引き

葉を収穫する野菜は、生育初期では葉が触れ合うくらい多く種をまき、次々と間引きする方が苗がよく生長します。本葉が1～2枚出た時に1回目の間引きを。隣同士の苗が重なり合わないように、密集している部分は思い切って間引きします。本葉4～5枚、草丈7～8㎝の頃に2回目の間引きをして、最終的には、株と株の間隔が4～5㎝になるようにします。

追肥

培養土に元肥が施してあれば追肥を与える必要はありませんが、肥料不足の場合は、葉の色が薄く子葉が黄変してくるので、追肥として化成肥料を与えます。アブラムシ、アオムシなどの害虫がつきやすいので、見つけたらすぐに取り除きます。

本葉が1～2枚出てきたら間引き。密集しないようにする。

3 収穫

間引きしたものは、ツマミ菜として利用できます。秋まき、春まきともに、種まき後40～60日で、本葉が8～10枚になり、草丈が15～20㎝になった頃に収穫できます。一度に収穫しないで、大きくなった株から少しずつ収穫する方法もあります。

シュンギク

適切な袋の容量 20 ～ 30リットル　袋の適した置き方 縦向き、横向き、仰向き

DATA

連作
できる

発芽適温
15 ～ 25℃

生育適温
15 ～ 25℃

月	1	2	3	4	5	6	7	8	9	10	11	12
袋に種まき		春まき	→	→			秋まき	→	→			
収穫				春まき	→	→		秋まき		→	→	→

※果菜類を栽培した後の2作目の野菜として活用できる。

キャベツと一緒に育てると防虫効果も

シュンギクはキク科の野菜で、キクナとも呼ばれ、葉がキクの葉に似て、ヨモギに似た香りがあります。品種は葉の形から、中葉種と大葉種に区別され、中葉種には株立ち型と株張り型があります。大葉種の葉は大型で、葉の緑の切れ込みが浅くて少なく、中葉種と比べて葉がやわらかく、苦みが少ないのが特徴です。また、シュンギクはアブラナ科の野菜のコンパニオンプランツとして近くで育てると、モンシロチョウなどの防虫効果が期待できます。

1 種まき・植えつけ

シュンギクは袋に直接種をまいて栽培できる野菜です。30リットル入りくらいの袋を縦向きにして表面の土を平らにならした後、1㎝ほどの深さに指で直径約5㎝の平らな穴を、株立ち型と大葉種では袋の5カ所に、株張り型では袋の3カ所にあけ、それぞれ10粒の種をまきます。袋は横向きや仰向きの方がより多く種まきできます。

2 栽培管理

水やり・間引き

シュンギクは乾燥をきらい、土が乾燥すると生育が悪くなるので、土がいつも水分を含んでいるように毎日注意して水やりをします。本葉が1枚出た時に密生している部分の1回目の間引きをします。そして、本葉2～3枚の頃に2回目の間引き、本葉4～5枚の頃に3回目の間引きで、株と株の間隔を広げます。株立ち型と大葉種は株間が5㎝くらいに、株張り型は株間が12㎝程度になるよう間引きします。

追肥

間引き後、20日に1回くらい、追肥として有機配合肥料などを1袋あたり20g程度、株間にばらまき与えます。追肥と同時に、移植ごてで肥料と土を浅く混ぜるようにして、土寄せします。

苗にかからないように追肥する。

3 収穫

間引きしたものも食用として利用できます。株立ち型と大葉種は、草丈が10～12㎝に伸びた頃に本葉を4～5枚残して、上部の茎を切って摘心し、1回目の収穫をします。その後に追肥を与えて生長を促し、わき芽を伸ばして側枝になるようにします。側枝の葉が10枚以上になったら、葉を2枚残して側枝を摘み取って収穫。株張り型では種まき後35日程度で収穫適期となり、草丈が15～20㎝になったものから根ごと抜き取って収穫します。

ホウレンソウ

適切な袋の容量　20 ～ 30リットル　　袋の適した置き方　縦向き、横向き、仰向き

DATA

連作
2年やすむ

発芽適温
15 ～ 20℃

生育適温
15 ～ 20℃

月	1	2	3	4	5	6	7	8	9	10	11	12
袋に種まき	春まき		→	→					秋まき	→		
収穫			春まき		→	→					秋まき	→

※果菜類を栽培した後の２作目の野菜として活用できる。

緑黄色野菜の代表格

ホウレンソウはアカザ科に属する緑黄色野菜の代表格の野菜です。品種には、葉に切れ込みがある東洋種と葉が丸い西洋種、そしてその交雑種の３つのグループがあります。**一般的には秋まきの方がつくりやすく、秋まきでは東洋種、春まきには西洋種を使用。**交雑種は品種によります。ホウレンソウは酸性土に弱く、ｐＨ５以下ではほとんど生長しません。また、ホウレンソウは長日植物で、夜に街灯の光などが当たる場所では、発芽後すぐに開花します。

1 種まき・植えつけ

ホウレンソウは袋に直接種をまいて栽培できる野菜です。培養土を入れ、表面の土を平らにならした後、指で1㎝ほどの深さで直径約5㎝の平らな穴を５カ所にあけます。それぞれの穴には5粒ほどの種をまき、種が隠れる程度に土をかけて水やりをします。種は抑制物質を含むかたい果皮を取り除いたネーキッド種子と呼ばれる種を使用すると発芽しやすいです。袋を横向き、仰向きにする場合には、縦に立てる場合よりも数多くのホウレンソウを栽培できます。

2 栽培管理

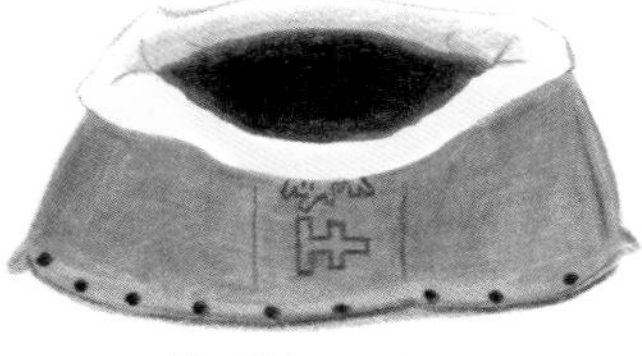

袋を横向きに置く。

袋を仰向きに置く。

間引き

種まき後、本葉が１枚出た時に１回目の間引きをします。本葉３～４枚の頃に、株と株の間隔が３㎝程度になるように２回目の間引きをします。ホウレンソウは、最終的に株間が３㎝になるように間引きします。乾燥に弱いので、水やりには注意し、アブラムシやヨトウムシにも気をつけます。

追肥

2回目の間引きをした後に、株と株の間に追肥します。追肥としては、有機配合肥料などを1袋あたり20g程度与えます。

3 収穫

間引きし、追肥を与えると、本葉が次々と展開して生長していきます。収穫時期の目安は、展開葉数が10 ～ 15枚で、草丈が20㎝程度になった時期です。生長にばらつきがあれば、大きいものから順次間引くように収穫します。

葉菜

リーフレタス

適切な袋の容量　20 ～ 30リットル　袋の適した置き方　縦向き、横向き、仰向き

DATA

連作
2年やすむ

発芽適温
18 ～ 20℃

生育適温
18 ～ 22℃

月	1	2	3	4	5	6	7	8	9	10	11	12
袋に種まき		春まき	→	→				秋まき	→			
収穫				春まき	→	→				秋まき	→	→

※果菜類を栽培した後の２作目の野菜として活用できる。

春まき、秋まきができる育てやすい葉レタス

リーフレタスはキク科の野菜で、結球するレタス（玉レタス）とは異なり、結球しないレタス（葉レタス）です。リーフレタスには紅系と緑系があり、玉レタスに比べてカルシウム、カロテンなどを多く含みます。また、リーフレタスは葉の数が多く、葉にウェーブが入っています。緑系は全体が緑色ですが、紅系は葉先が赤色や赤褐色、中心は緑色となり、その対比が鮮やかで美しい品種もあります。春まき、秋まきができ、育てやすい野菜の一つです。

1 種まき・植えつけ

リーフレタスは袋に直接種をまいて栽培できる野菜です。表面の土を平らにならした後、指で1㎝ほどの深さで3本にすじを入れ、そのすじに種を親指と人指し指ですりながら、かたまらないようにまきます。好光性種子なので、種まき後はすじの上に薄く土をかぶせ、水差しなどで慎重に水やりをします。

2 栽培管理

間引き

種まき後、本葉が1枚出た時に1回目の間引きをします。本葉3～4枚の頃に、株と株の間隔が3㎝程度になるように2回目の間引きをします。本葉が5～6枚の頃から間引きをかねた収穫を行い、最後に1袋に5～6株が残るようにします。発芽後は、表面の土が乾いたら水やりをします。

追肥

2回目の間引きを終えた頃、株と株の間に1袋あたり20g程度追肥します。リーフレタスは土壌中のカルシウムが不足すると縁腐れ症が発生しやすくなるので、苦土石灰も必ず追肥します。

3 収穫

草丈が23～25㎝に育った頃が収穫の目安です。秋まきでは、気温が下がってくる時期になるので、大きく育った株を切り取ってしまわずに、株と株がくっつくようになったら、外葉から少しずつかき取って収穫します。そして、再び株と株が触れ合うようになったら、さらに外葉の収穫を繰り返します。このように、新鮮なリーフレタスは長期間収穫できます。春まきでは気温が高くなってくるので早めに収穫します。

ダイコン

適切な袋の容量 30リットル　袋の適した置き方 縦向き

DATA

連作
できる

発芽適温
15 ~ 30℃

生育適温
15 ~ 20℃

月	1	2	3	4	5	6	7	8	9	10	11	12
袋に種まき		春まき	▶	▶			秋まき		▶			
収穫				春まき	▶	▶			秋まき		▶	▶

果菜類を栽培した後の2作目の野菜として、秋まきのダイコンが活用できる。

深さのある袋で栽培

ダイコンはキャベツやハクサイと同じアブラナ科の野菜で、日本では古くから漬けものや煮物などに利用されてきました。形や大きさ、栽培する時期などにより、多くの品種があります。**ダイコンのように深さが必要な野菜でも、袋栽培であれば土の深さは確保できるので、十分に栽培できます。**秋まきが主体ですが、春まきもできます。ダイコンは生長して葉が次々に展開します。品種によりますが、根の肥大が進むにつれて、根の上部が地上に出てきます。

1 種まき・植えつけ

ダイコンは袋に直接種をまいて栽培できる野菜です。表面の土を平らにならした後、指で1㎝ほどの深さで直径約5㎝の平らな穴を3カ所にあけます。種はそれぞれの穴に5～6粒まきます。種まき後は土をかぶせて水やりします。

間引き

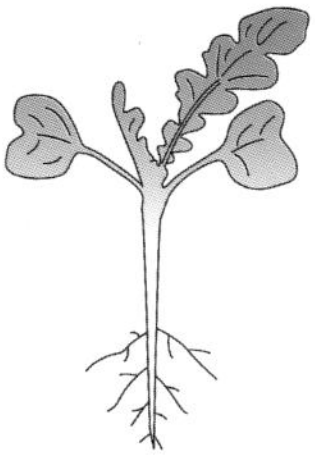

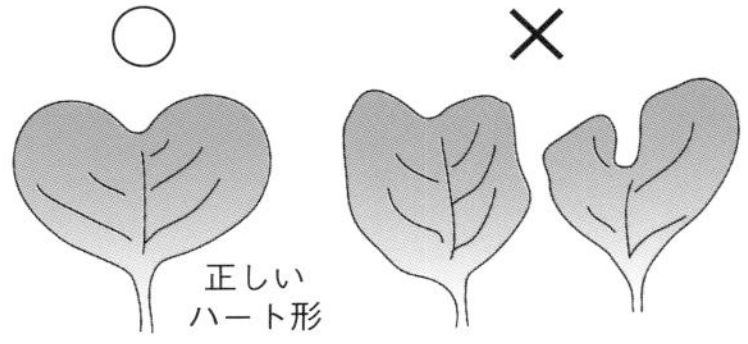

間引きの時に子葉がハート形のよい苗を残す。

2 栽培管理

本葉が1枚出てきた時に、1回目の間引きを行い、子葉がハート形のよい苗が1カ所に4本残るようにします。本葉が3枚になった時に2回目の間引きで1カ所に2～3本を残します。そして、苗の本葉が5～6枚になったら、3回目の間引きします。この時袋の中の3カ所に各1本の元気な苗が育つようにし、追肥もします。また、ダイコンはアオムシなどの害虫が発生するので、朝に株をゆすって葉についている虫を落として取り除きます。

ダイコンは、本葉が4～5枚展開してくるとダイコン葉らしくなってきます。間引きした株はダイコンの間引き菜として利用。11月頃から大きく育ったものは収穫できるようになります。ダイコンは外葉がたれて中心部の葉が広がってきたら収穫期で、種まき後70日頃が適期です。ダイコンは高温の日が続くとスが入ってしまうため、その前に収穫することが大切です。

3 収穫

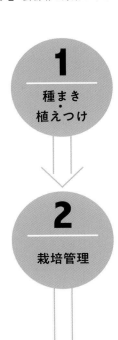

根菜

ニンジン

適切な袋の容量 30リットル　袋の適した置き方 縦向き

月	1	2	3	4	5	6	7	8	9	10	11	12
袋に種まき			春まき	➡		夏まき	➡	➡				
収穫					春まき	➡	➡			夏まき	➡	➡

果菜類を栽培した後の2作目の野菜として活用できる。

DATA

連作
できる

発芽適温
15 ～ 25℃

生育適温
15 ～ 25℃

栄養価の高い緑黄色野菜

ニンジンはパセリと同じセリ科に属し、独特の香気をもっています。品種は多く、東洋系の長根種が第2次世界大戦前までは主体でしたが、近年では、欧米からの西洋系の短根種の栽培が広まっています。**緑黄色野菜として栄養価の高いニンジンは比較的栽培しやすい野菜です。**ただ、アブラムシ、ヨトウムシ、キアゲハの幼虫がつくことがあるので、見つけたら取り除くようにします。間引きしたものは、葉も根も食べられます。

1 種まき・植えつけ

ニンジンは袋に直接種をまいて栽培できる野菜です。種はできれば、除毛種子、または、コーティング種子を準備し、表面の土を平らにならした後、指で1㎝ほどの深さで直径約5㎝の平らな穴を5カ所にあけます。それぞれの穴に5～6粒の種をまき、好光性種子なので薄く土をかぶせ、水差しなどで慎重に水やりをします。

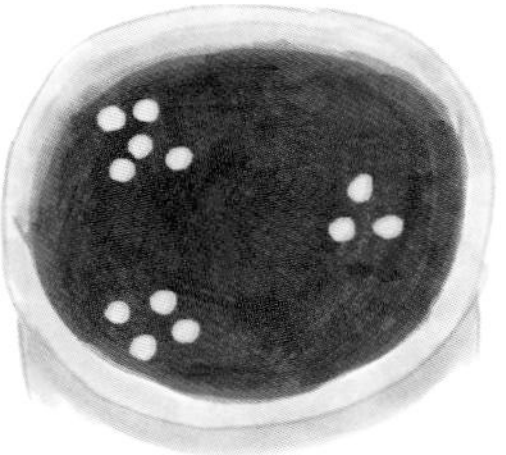

2 栽培管理

間引き

本葉が2～3枚出てきた時に1回目の間引きを行って、苗が1カ所に4本残るようにします。本葉が4～5枚になった時に2回目の間引きで1カ所に2本を残します。そして、苗の本葉が7～8枚になったら3回目の間引きを行い、5カ所に各1本の元気な苗を育てるようにします。土の表面が乾いたらたっぷりと水を与えます。本葉5～6枚の頃から根が太り始めます。根が地上に露出すると、その部分が緑色になるので、株のまわりに追肥して、移植ごてなどで株元に土寄せをします。

3 収穫

夏まきは種まき後の約4カ月(春まきでは約2カ月)、11月～12月になると、根の上端の肩の部分が張ってきます。よく育ったものから順に収穫しましょう。収穫が遅れると、根が割れた奇形根が生じるので注意が必要です。

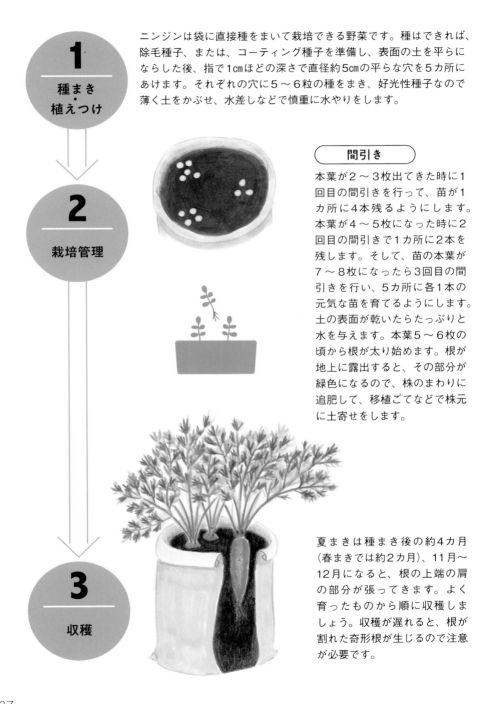

コカブ

適切な袋の容量　20 ～ 30リットル　袋の適した置き方　縦向き、横向き、仰向き

DATA

連作
1年やすむ

発芽適温
15 ～ 30℃

生育適温
15 ～ 20℃

月	1	2	3	4	5	6	7	8	9	10	11	12
袋に種まき		春まき	→	→				秋まき	→	→		
収穫			春まき	→	→				秋まき	→	→	→

果菜類を栽培した後の2作目の野菜として活用できる。

早く収穫でき、育てやすい

カブはアブラナ科に属し、根部の大きさによって、大カブ、中カブ、小カブに区分されます。4～8㎝の小カブは早く収穫でき、つくりやすく、コカブとして栽培されています。コカブにも多くの品種があり、根こぶ病抵抗性品種も開発されています。コカブは根の部分が大きくならないうちに収穫して、やわらかい葉も一緒に食べることができます。コカブの根部は甘みのほか、辛みもあり、生で食べたり、漬けものにするなどして楽しめます。

1 種まき・植えつけ

コカブは袋に直接種をまいて栽培できる野菜です。表面の土を平らにならした後、指で1cmほどの深さで2～3本のすじを入れ、そのすじに種を親指と人指し指ですりながら、かたまらないようにまきます。種まき後はすじの上に土をかぶせ、水差しまたは小さなジョウロで慎重に水やりをして、育苗します。

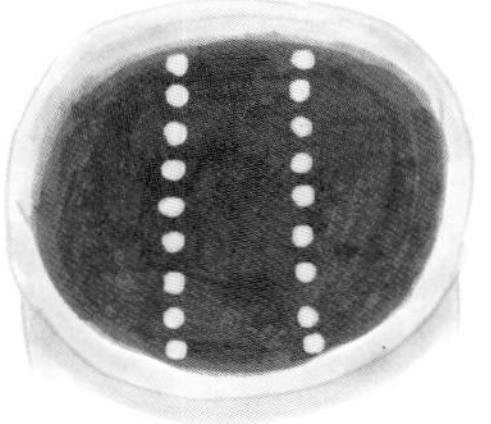

コカブの種は条《すじ》まきがおすすめ。

2 栽培管理

間引き

種まき後、発芽して本葉が1枚出た頃に1回目の間引きで子葉がハート形の苗を残して、隣同士の苗が重ならないようにします。本葉2枚の頃に2回目の間引きをして、元気な苗を残し、株と株の間隔が3～4cmになるようにします。さらに、本葉4～5枚の頃に、株間を5～6cmとします。乾燥をきらうので、発芽後も表土を乾燥させないように、水やりに注意します。

3 収穫

間引きしたものは、味噌汁に入れたり、漬けものなどに利用できます。コカブははじめに葉が育ち、それから根が肥大します。種まき後、50日くらいで収穫できます。この時、一度に収穫せず、あまり大きくならないうちに、根が丸く大きくなったものから間引くようにすると、長く収穫を楽しめます。適期を過ぎてしまうと根が割れるものが出てくるので、気をつけながら早めに収穫します。

ハツカダイコン

適切な袋の容量　20リットル　袋の適した置き方　横向き、仰向き

DATA

連作
1年やすむ

発芽適温
15 ～ 30℃

生育適温
17 ～ 20℃

月	1	2	3	4	5	6	7	8	9	10	11	12
袋に種まき		春まき						秋まき				
収穫			春まき						秋まき			

果菜類を栽培した後の2作目の野菜として活用できる。

種まきから収穫まで20日間

ハツカダイコンはアブラナ科の植物です。ラディッシュというのは英名。ハツカダイコンは、独特の赤い鮮やかな色で直径3㎝くらいのかわいらしいダイコンが根部にできます。**つくりやすい野菜で、種まきから収穫までの期間は20日間。**春、秋の気温が低い場合にはおよそ2倍の日数がかかります。ただし、夏は病気が出たり、根の形や色が悪くなるので、避けた方がよいでしょう。ハツカダイコンの形には丸形と長形があり、観察してみても面白い野菜です。

1 種まき・植えつけ

ハツカダイコンは袋に直接種をまいて栽培できる野菜です。表面の土を平らにならした後、指で1cmほどの深さで2～3本のすじを入れます。そのすじに種を親指と人指し指ですりながら、かたまらないようにまきます。すじの上に土をかぶせて、水差しまたは小さなジョウロで慎重に水やりをします。春、秋では5日くらい、夏ならば2日くらいで芽が出てきます。

2 栽培管理

水やり・害虫駆除

発芽後も表土をあまり乾燥させないように、水やりに注意します。害虫として、アブラムシ、アオムシがつきやすいので、見つけたら、虫を落として取り除きます。

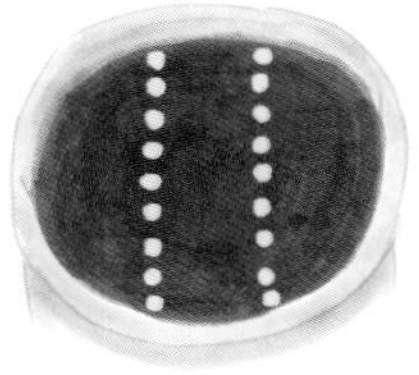

間引き

種まき後、本葉が1枚出た時に1回目の間引きをして、混み合っているところを3cmくらいの間隔にします。2回目は本葉2～3枚の頃に、株と株の間隔が4～5cmになるように間引きをします。ハツカダイコンは、株間が狭いと根が丸くならずに細長くなるので、株と株との間隔を確保することが大切です。

3 収穫

根が直径2～3cmとなって、球形に近くなってくれば、収穫できます。あまり長く土の中におくとスが入ったり、根に割れが入って裂根になったりして、品質が低下するので、早めに収穫します。間引きをしながら収穫していくと、長い間楽しめます。

おわりに

本書では、袋で野菜栽培をはじめて行う場合の方法について紹介してきました。野菜の袋栽培を始める場合、玄関先やベランダなど、どこに袋を置いて栽培するか、袋の置き方、栽培する野菜の種類を考えながら、信頼できるメーカーの適切な容量の培養土を準備します。そして、袋に直接種まきして栽培開始するか、苗や種いもなどを植えつけて栽培を開始するかを考えて、袋の準備をして、栽培しようとする種や苗などを準備して、栽培を開始します。栽培を開始したら、袋栽培では、袋の容量が限られているので、毎日観察して水の管理をすることがどうしても必要です。管理が十分にできれば、身近なところで畑や庭で採れるものと同様のものを袋栽培によってつくることができます。

袋栽培の袋を身近な場所に置いて、毎日の管理を行うと同時に、野菜の様子についても毎日観察して、野菜の生長、開花、結実の様子を、家族とともに観察を続けていくと、植物の小さな変化や植物の生命力、生長の不思議さに気づくことができ、収穫作業も家族みんなでともに楽しむことができ、身近に植物があることの素晴らしさが実感できると思います。さらに、植物に関わって観察、管理を続けることは、身体の健康の維持・増進、心の健康維持にも効果的であると考えられています。

また、こうした袋栽培は、畑や花壇が少ない幼稚園や小学校、中学校などでの栽培体験学習の教材として、子どもたちとともに、野菜の生長、開花、結実の観察と栽培管理の体験学習を推進してほしいと願います。

本書が野菜の袋栽培に取り組むためのわかりやすい手引き書として、少しでもお役に立てればこのうえない喜びです。

　本書は、私が京都教育大学附属幼稚園の園長を併任していたときに、タキイ種苗株式会社から袋栽培用の袋のご協力をいただき、環境教育実践センターでは学生諸君とともに、附属幼稚園では園児や保護者のみなさんとともに、野菜の袋栽培を実施して、園芸新知識野菜号に1年間連載をさせていただいた内容がベースです。その後も野菜の袋栽培に継続して取り組み、緑のカーテンの内容も追加して、タキイ種苗のホームページのコンテンツの中に、「袋で野菜をつくろう」という内容を、現在も掲載していただいています。今回の企画もタキイ種苗広報出版部の小野清士様のご紹介によるもので、タキイ種苗のご協力と明記して発刊させていただくことになり、深く感謝しています。ここに、心より厚くお礼を申しあげます。

　最後に、本書の出版は、株式会社秀和システムの岩名由子様の多大なご助力のおかげで実現し、よい本にまとめあげていただきました。ほんとうにお世話になりました。改めて心より厚くお礼を申しあげます。また、ほのぼのとしたタッチのイラストを描いていただきました川崎由紀様をはじめ、関係者の方々に、この場をお借りして、心より厚くお礼申しあげます。

2021年3月

梁川　正

梁川 正（やながわ ただし）

農学博士。京都教育大学名誉教授。
京都教育大学環境教育実践センターにおいて、野菜や花卉、イネ等の栽培指導や、栽培植物の残渣を堆肥として利用する「食の循環の教育」の指導を行う。研究面では、球根花卉やラン等の組織培養によるウイルスフリー化や無菌培養の簡便化に関する研究を推進。退職後は、各種公開講座や園芸大学等で、袋栽培で野菜や花卉を育てる方法やその楽しさ、容器等で簡便に育てる活動の普及に努めている。

【協力】 タキイ種苗株式会社
【イラスト】 川崎由紀
【デザイン】 田中真琴
【組版】 江尻智行
【校正】 横山美和

袋栽培《ふくろさいばい》でかんたん野菜《やさい》づくり

発行日　2021年　3月　28日　第1版第1刷

著　者　梁《やな》川《がわ》　正《ただし》

発行者　斉藤　和邦
発行所　株式会社　秀和システム
〒135-0016
東京都江東区東陽2-4-2　新宮ビル2F
Tel 03-6264-3105（販売）Fax 03-6264-3094
印刷所　三松堂印刷株式会社　Printed in Japan

ISBN978-4-7980-6375-1　C2076